JITILIN
CHANQUAN ANQUANXING YAN

集体林
产权安全性研究

黄培锋 ◎ 著

中国广播影视出版社

图书在版编目（CIP）数据

集体林产权安全性研究 / 黄培锋著 . —北京：中国广播影视出版社，2023.1
ISBN 978-7-5043-8795-0

Ⅰ.①集… Ⅱ.①黄… Ⅲ.①集体林—产权—安全性—研究—中国 Ⅳ.①F326.22

中国版本图书馆 CIP 数据核字（2022）第 180099 号

集体林产权安全性研究
黄培锋　著

责任编辑	王　萱　彭　蕙
责任校对	龚　晨
装帧设计	中北传媒

出版发行	中国广播影视出版社
电　　话	010-86093580　010-86093583
社　　址	北京市西城区真武庙二条 9 号
邮政编码	100045
网　　址	www.crtp.com.cn
电子邮箱	crtp8@sina.com

| 经　　销 | 全国各地新华书店 |
| 印　　刷 | 艺通印刷（天津）有限公司 |

开　　本	710 毫米 ×1000 毫米　　1/16
字　　数	172（千）字
印　　张	13
版　　次	2023 年 1 月第 1 版　　2023 年 1 月第 1 次印刷

| 书　　号 | 978-7-5043-8795-0 |
| 定　　价 | 65.00 元 |

（版权所有　翻印必究·印装有误　负责调换）

前　言

近年来，随着人口增长和森林退化，森林资源面临的压力与日俱增，因此，如何安全、公平、稳定的获取这些资源对于消除贫困与饥饿、改善环境和经济可持续发展起着重要的作用，森林权属治理的问题日益受到各个国家的高度关注。新中国成立以来，南方集体林区围绕产权问题进行了一次又一次的改革。2003年6月25日，中共中央、国务院做出了《关于加快林业发展的决定》，要求对林业体制、机制和政策进行进一步改革。其中对集体林产权改革提出了总体要求，即"产权越明晰越好，产权主体越具体越好，产权处置权越落实越好"。从目前情况来看，集体改革已经取得一定成效，一些较早实行改革的集体林区已基本完成"明晰产权"的阶段工作，初步形成了一套以农户为主体产权明晰的集体林产权制度体系。但集体林权制度虽经数次变革，仍然存在产权不明晰、经营主体不落实、经营机制不灵活、利益分配不合理等问题，产权问题依然是制约我国集体林业发展的主要障碍之一。

纵观国内外相关文献，以往的产权学派主要强调产权的清晰界定是市场化交易的前提，过多地关注产权的市场交易性质，而忽视了产权安全这一重要因素。但是，产权安全问题是发展经济学的核心问题，是森林可持续经营和有效管理的重要因素，产权问题的主要根源在于权属的不安全性。土地产权安全包括法律、事实和感知产权安全三个层面，法律和事实产权安全通过感知产权安全对行为主体发挥作用，并且感知产权安全对农户土地经济决策具有直接决定作用。一方面，安全稳定的产权不仅有利于经济发展和贫困减少，而且能够促进权利主体的投资行为，提高农户经营生产效率。另一方面，土地产权安全会通过形成生产性效应、交易价格效应和交易成本效应来进一步影响土地的流转行为。因此，探讨集体林产权安全性对于全面、科学地评估集体林权制度改革的绩效具有重要作用。所以，本文通过引入三维土地产权安全概念，系统考查法律、事实和感知产权安全三者之间的内在逻辑关联，构建"产权安全性指标分解与测度——集体林产权安全论证——治理机制设计"的理论分析框架，并基于福建省10个县、市500个农户的调研数据，运用相关计量经济模型进行实证检验，以期为今后更好地实现林改预期目标提供重要的指导意义。

为此，本文首先对建国以来我国集体林产权制度的变迁过程进行梳理，分析不同时期集体林产权改革的特征和规律。研究发现，新中国成立以来，我国集体林产权制度改革大体经历了土地改革、合作化、人民公社、林业"三定""四荒"治理和集体林权制度改革六个阶段。集体林产权变化呈现出一种"合"与"分"的连续变化的过程。集体林产权制度变动较为频繁，但不同时期变动的频率和特点不尽相同。

其次，从产权基本权能和利益出发，从理论上分析完备的集体林产权应有的产权结构和基本权能，并从法经济学角度探讨《宪法》《土地管理法》等上位法与集体林主要政策制度之间的法律冲突问题。结果表明，目前集体林产权归属主体基本清晰，产权权能和利益的界定在法律上基本完备，但仍存在产权主体不清晰、权能界限较为模糊、使用权流转市场不完善、收益分配制度不完善以及处分权受到限制等一些不足。而且，当前我国林业法律法规发展相对滞后，集体林木所有权、林地承包经营权流转、公益林征用补偿权等方面的法律与政策之间存在一定冲突。因此，变革与创新林业法律制度已成为当前集体林权制度改革的重要任务之一。

再次，通过选取了一些集体林法律产权与事实产权冲突的典型案例，分析两者冲突的领域、环节，并对冲突的程度及原因进行评价。结果发现，集体林产权法律规范与实际执行之间存在一定的差距。国家正式的林权制度改革设计与村庄社区沿袭至今的非正式林权制度并不吻合，由此引发了大量的林权纠纷。集体林权制度改革政策制定与执行之间出现偏差，导致现行国家赋权政策的执行与农户实际的产权现状存在很大差异。

最后，从农户感知的角度出发，系统考察农户对集体林产权安全性的感知水平及影响因素，并深入探讨农户产权安全感知对林地经营行为的影响机理。研究表明：（1）农户拥有林权证为持证人的财产权利提供了法律保护，对农户产权安全感知具有正向显著作用。农户受教育程度和农户为村干部两个变量的估计系数在模型中均为正向显著，这说明农户的文化程度和社会地位越高，对林业政策的理解和吸收就越到位，将会明显增强农户的产权安全感。林业收入在家庭收入中的比重对农户产权安全感知具有显著的正向作用，而林地面积变量却对农户产权安全感知有着显著负向影响。（2）农户产权安全感知对林地劳动力和资本投入均具有显著的正向影响。这说明农户对林地产权安全感越强，越会极大地激发林农的投资行为。此外，研究还发现，农户是否为村干部、是否接受过林业培训、林地面积等变量对农户林地劳动力和资本投入均有显著影响。（3）产权安全感知变量对农户林地转入可能性和林地转入面积具有显著的正向影响。但农户是否为村干部变量对林地是否转入和林地转入面积的估计系数都为负,而且该变量对林地是否转入的负向影响是显著的。另外,村到乡镇的距离对林地是否转入和林地转入面积均具有显著的正向影响。

基于上述研究结论,本文提出以下政策建议:(1)加快修改和完善林业法律法规,确保集体林产权结构完整化。(2)尊重和吸收集体林区本土化经验,提高正式产权制度的可信度。(3)充分了解和重视林农经营决策的意见,提高农户产权安全感知水平。(4)进一步稳定集体林地承包经营关系,促进林地的生产经营投入。(5)深化集体林权制度改革,促进林地规范、有序流转。

目 录

第一章 导 言 ·· 001

    一、选题背景及研究意义 ································ 001

    二、研究目标与主要研究内容 ·························· 005

    三、研究方法、技术路线与数据来源 ·················· 007

    四、可能的创新与不足 ································· 011

第二章 研究综述 ·· 013

    一、关于产权理论的研究 ······························ 013

    二、关于土地产权安全的定义与衡量方法 ············ 016

    三、正式制度、非正式制度与土地产权安全 ········· 017

    四、土地产权安全对农户投资的影响 ················· 019

    五、土地产权安全对土地流转的影响 ················· 020

    六、关于森林产权安全的研究 ························ 021

    七、简要评述 ·· 022

第三章　理论分析框架 ……024

一、产权与产权安全 …… 024

二、产权安全性的三维分析模型 …… 028

三、集体林产权安全性理论分析框架 …… 036

四、本章小结 …… 039

第四章　集体林产权制度的历史变迁 ……040

一、概述：一个变迁图示 …… 041

二、土地改革时期：分林到户、家庭经营 …… 042

三、合作化时期：山林入社、互助合作 …… 043

四、人民公社时期：集体所有、统一经营 …… 044

五、林业"三定"时期：均山到户、家庭经营 …… 045

六、林业股份合作制和"四荒"治理时期：经营方式多元化 046

七、集体林改时期：林地集体所有、农户承包经营 …… 047

八、本章小结 …… 048

第五章　集体林产权法律完备性分析 ……049

一、集体林产权基本权能与相应的法律规范分析 …… 049

二、集体林法律规范冲突分析 …… 065

三、本章小结 …… 075

第六章　集体林法律产权与事实产权的差异性分析 ……076
　　一、集体林权法律规范与地方非正式制度的冲突分析 …… 077
　　二、集体林产权法律政策与地方产权实践的差异分析 …… 087
　　三、集体林地征占用法律与事实的差异分析 ………… 091
　　四、本章小结 ……………………………………… 105

第七章　农户产权安全感知分析 ……………………107
　　一、农户产权安全感知影响因素分析 ………………… 108
　　二、产权安全感知对农户林地投资的影响分析 ………… 133
　　三、产权安全感知对农户林地流转的影响分析 ………… 148
　　四、本章小结 ……………………………………… 161

第八章　主要研究结论及政策启示 …………………162
　　一、主要研究结论 ………………………………… 162
　　二、政策启示 ……………………………………… 164

参考文献 …………………………………………168

附　录 ……………………………………………189

致　谢 ……………………………………………196

第一章 导 言

一、选题背景及研究意义

森林是陆地生态系统的主体和重要资源,是人类赖以生存和发展的重要物质基础。集体林作为我国重要的森林资源,承担着维护生态平衡、改善环境、促进经济社会可持续发展的重任,在维护国家生态安全以及促进农民就业增收等方面具有举足轻重的影响。现阶段,全国集体林权制度改革已进入新的阶段,也取得了一定的成效。据统计,截至2016年年底,全国共确权集体林地面积27.05亿亩,累计发证面积26.41亿亩,占确权面积的97.63%,共有1亿多农户直接受益(国家林业局,2016)。但是,由于南方集体林区存在地域上的多元化和政策上的多样化,使得森林产权问题错综复杂,加上森林产权本身是一种权利组合,仅仅通过对其进行简单的"合"与"分"的调整,难以从根本上解决产权安排的一系列问题。纵观我国集体林产权制度的改革历史,重新界定产权成为历次集体林产权变革的主题(张敏新等,2008)。集体林区频繁的政策更迭令原本界定不清的集体林产权一直处于动荡状态,由此衍生出一系列产权不清且无法律保障的事实产权,各类产权矛盾和纠纷频繁发生,进一步强化了产权的不安全感,严重危害了集体林业和社区经济的可持续发展。

多年来，为了修正集体林产权不稳定的制度缺陷以及集体林资源所有权与经营使用权的混乱与错位，我国相继制定并实施了一系列林业法律法规来保障集体林资源的发展，一直致力于从正式的法律层面上来强化和稳定农户承包关系，赋予农民完整的集体林使用权权能，以强化集体林产权安全。《中华人民共和国森林法》自1998年颁布修订以来，给我国森林资源的开发、利用、保护和管理带来巨大的变化，使得我国森林资源的保护从无法可依向严明执法的方向转变。随后陆续颁布了一系列政策文件和法律规范性文件。比如2000年1月29日国务院颁布了《森林法实施细则》，2003年1月20日国务院颁布了《退耕还林条例》，中共中央、国务院分别于2003年6月25日和2008年6月8日出台了《关于加快林业发展的决定》和《关于全面推行集体林权制度改革的意见》，以及2016年11月16日国务院办公厅印发的《关于完善集体林权制度的意见》等，这说明目前我国已经基本形成了以《森林法》为首的相对完备的森林法律体系。然而，随着森林资源状况的不断变化，相关的森林法律法规在实施过程中逐渐暴露出一些缺陷，导致林改实践中的法律依据不足，难以适应当前社会的发展。《森林法》中的有些内容已经不能适应新形势的需要，《森林法》及相关政策法规文件与《物权法》《土地管理法》等上位法是否存在法律冲突？从产权经济学关于产权基本权能出发，中国集体林产权规范法律的完备性是否足够充分？这些问题有待进一步研究。

从2003年开始，在全国众多试点省份开展了新一轮集体林权制度改革，经过几年的试点，集体林改取得了明显成效，赋予了农户更完整的森林权利，激发了农民林业生产经营的积极性。然而确权并不总是能够提高产权的安全性，现行国家赋权政策的执行与实际农户的产权现状存在很大差异，特别是在发展中国家，由于正式制度体系不健全，法律法规执行力不足引发法律与事实产权安全的不一致，进而诱发事实和感知产权的不安全。虽然截至目前，全国大部分地区声称已完成"明晰产权"的任务，但在近几年的实地调查研究中发现，国家正式的林权制度改革设计与村庄社区沿袭至今的非正式林权制度并不吻合，由此导致的产权博弈引发了大量的林权纠纷。一种产权关系之所以能够存在，是因为有相应规则的支持，这种规则可能是正式的法律规范、社会契约等，也可能是非正式的传统文化、习俗和道德规范等。任何社会都离不开非正式制度的约束，无论法制怎样健全也不可能代替非正式制度。关于我国集体林产权的归属，法律上虽然已有明确规定，但实际的产权并不一定是按照法律界定的，而可能是在法律之外形成了实际规则。在地方自主管理的森林和森林习俗权的相关问题上，我国的森林法很少为二者留有余地，这使得我国森林法律产权与以村规民俗为主的事实产权存在一定的冲突。在中国现行的司法体制下，土地习俗权的确认极其困难，更不用说通过法律手段对其加以合法化。

我国南方集体林大多分布在封闭的农村地区，农户是森林经营的主体，他们对法律的规范性标准有着自己独有的理解，农户的感知产权安全直接作用于森林的经营行为。差异化的产权环境不仅造成实际的集体林产权安全性较低，也导致农户的产权安全认知出现偏差。由于我国的森林法都不太推崇地方自主管理森林的做法，导致当地居民很少有机会参与森林资源的规范和管理，再加上我国集体林产权一直以来较为多变，造成集体林产权给人不稳定的感觉，导致农户对国家正式的赋权制度缺乏信任和认可，感知产权安全水平低下。有学者对全国2200户农户调查发现，大约60%农户表示不相信政府在强化农地产权安全方面所做的努力。在我国，根据法律，除非集体能够证明其所有权，否则森林全部归国家所有，因此对地方政府而言，征用集体的森林进行土地开发相对容易一些，这导致我国森林产权制度比农地产权制度的可信度更低，农户对法律政策持怀疑的态度。集体林法律产权安全和事实产权安全对农户林地利用的影响都是通过农户产权安全感知得以实现的，而农户的产权安全感知又是直接作用于集体林业的经营行为。因此，有必要进一步探讨农户产权安全感知对林地投资决策和流转行为的影响机理，从而能更好地理解集体林权改革绩效产生的微观机制，旨在为强化农户产权安全感知水平以及提高林地资源利用效率提供经验支撑。

鉴于此，本研究基于范杰尔德（Van Gelder, 2010）的产权三维分析框架，通过对产权安全性的定义和测量方法进行准确的界定，系统考查法律、事实和感知产权安全三者之间的内在逻辑关联，构建集体林产权安全性现状和有效治理研究的理论分析框架。研究总体框架如下：首先，对新中国成立以来集体林产权制度的变迁历史进行梳理，分析不同阶段集体林产权改革的特征和规律。其次，根据产权经济学规定的产权基本权能和收益，以集体林权制度改革实践经验为研究基础，深入剖析我国集体林产权应遵循的规范的法律制度。再次，从森林主要法律法规出发，结合地方非正式制度、村庄产权实践和集体林地征占用补偿等实际情况，分析中国集体林事实产权与法律产权冲突。然后，通过对农户进行实地问卷调查，运用因子分析方法考察农户对集体林产权安全性总体评价，并运用计量经济模型探讨产权安全感知的影响因素及其对林地经营行为的影响机理。最后，基于当前我国集体林法律、事实和感知产权安全状况，提出有利于促进集体林有效治理的政策启示。总的来说，本研究不但在理论上为深入认识当前中国集体林权制度安排中存在的问题提供新的视角和分析工具、为深化和完善集体林权制度改革提供理论支持和选择路径，而且可以在实践上为我国集体林权设计有效的产权治理制度，并为完善集体林产权制度的实施环境提供有针对性的政策建议。

二、研究目标与主要研究内容

（一）研究目标

本课题研究的总目标：系统考查法律、事实和感知产权安全三者之间的内在逻辑关联，研究集体林产权安全性水平及其主要影响因素，为集体林产权改革研究提供新视角，并为制定提高集体林产权安全性制度提供理论支持。

以上述目标为导向，本文的具体研究目标是：

目标一：从产权的基本权能收益以及法律冲突理论出发，对中国集体林产权规范法律的完备性进行剖析，为今后我国集体林业政策的制定与立法提出建设性意见。

目标二：通过案例研究，深入分析中国集体林事实产权与法律产权之间的差异，揭示集体林产权在法律与实践上的差异与冲突，为今后森林立法中充分尊重和了解传统习俗，实现全国性法规与地方性法规合理配置提供有针对性的参考意见。

目标三：从农户的角度出发，选取相应的测度指标，系统分析农户对集体林产权安全性的感知及影响因素，并深入探讨农户产权安全感知对林地经营行为的影响机理，这不仅有助于补充当前农户对森林产权安全感知的理论研究，还可以通过实证分析的结果提出具有较强操作性和实践指导意义的措施。

（二）主要研究内容

为了达到以上研究目标，本文设置以下四方面的主要研究内容：

（1）为了测评森林产权安全性，需要对产权安全性的定义和测量标准进行统一界定，并兼顾不同层面产权安全相互影响的机理。基于范杰尔德（Van Gelder，2010）的产权三维分析框架，通过对已有的产权安全性的定义和测量方法研究成果的分析，系统考查法律、事实和感知产权安全三者之间的内在逻辑关联，构建集体林产权安全性评价和有效治理研究的理论分析框架。

（2）在总体研究框架中，从产权经济学关于产权基本结构和产权基本权能出发，从理论上分析完备的集体林产权应有的产权结构和基本权能。从《物权法》《土地管理法》《森林法》及主要集体林制度出发，研究《物权法》《土地管理法》《森林法》及主要集体林制度规定之间的法律冲突，对集体林法律法规的完备性进行全面的法律剖析，从而为进一步规范和健全我国集体林权制度提供应有的法律依据。

（3）通过实地调研访谈，选取一些关于集体林法律规范与地方非正式制度、村庄产权实践、林地征占用等事实冲突的典型案例，揭示集体林产权法律规范与法规执行事实冲突的深层次原因，探讨当前集体林产权实践所面临的困境，在此基础上，进一步分析我国集体林产权实践的可能演变路径，为森林地方自主管理和森林习俗产权之间寻求一个平衡点。

（4）借用对农户的实地调研数据，运用因子分析方法对我国集体林产权安全性感知水平进行描述性统计分析，系统考查农户对集体林产权安全性感知及相关影响因素，尝试从农户自身角度揭示我国集体林产权安全状态，并提出提高农户集体林产权安全感知的措施。运用 2SLS 法和 IV Probit 模型分别检验产权安全感知对林地投资以及林地流转的影响机理，为今后林地产权制度改革和实现林地合理、高效利用提供政策建议。

三、研究方法、技术路线与数据来源

（一）研究方法

1. 总结归纳法

借助文献回顾的方法，基于产权经济学、林业经济理论与政策、治理理论等相关理论背景，将三维产权安全理念引入有效治理分析框架，构建一般性的总体分析框架和子分析框架。

2. 比较分析法

关于中国集体林规范法律产权的完备性分析部分，采用比较分析法，现行法律如《物权法》《土地管理法》以及《农村土地承包法》等大多是以耕地为范本来设计产权制度的，而森林投资收益周期长、交易成本高、生态效益目标不同等特点决定了森林的发展需要有不同于农地的法律制度。通过对与森林有关的法律法规进行对比分析，发现现行森林采伐限额、森林生态效益补偿以及集体林地征收等制度与《物权法》的精神不符。集体林产权法律制度体系不够健全给集体林权制度改革带来许多法律障碍，因此，今后应充分理解《物权法》的精髓，并以此对现行林业法律制度进行修改和完善。

3. 案例分析法

关于中国集体林事实与法律产权冲突分析部分，采用案例分析法，通过研究福建、湖南等地的集体林地征占用与补偿纠纷案例以及政府调整林种划

分，将农户经营的商品林划为公益林等状况，研究集体林产权的事实强度，揭示导致法律与实际规则分化的原因，以厘清两者之间的关系。

4.定量分析法

关于农户对集体林产权安全性感知分析部分，通过合理设计研究方案和调查问卷，对观测指标进行效度和信度检验，剔除不合理的因素。运用因子分析方法确定理论模型最终影响因子，根据分析结果对农户产权安全感知水平进行描述性统计分析。在此基础上，基于 Stata 统计软件，运用多元回归分析方法系统考察农户产权安全感知的主要影响因素。

（二）技术路线

为了实现上述研究目标，本文采取的技术路线如图 1-1 所示，具体可分为以下五个阶段：

第一阶段：提炼研究议题。通过对国内外文献进行系统梳理与总结，以小组会议的形式邀请本领域的专家对研究问题进行反复讨论，初步选定研究区域、设计研究方案和提炼本次研究议题。

第二阶段：构建理论分析框架。引入范杰尔德（Van Gelder，2010）的三维产权安全概念，对集体林产权安全性进行分解和测度，构建集体林法律、事实和感知产权安全测度及有效治理的理论分析框架。

第三阶段：获取研究数据。根据研究议题和研究区域概况，设计农户和村级调研问卷，并根据已设计好的问卷在选定研究区域进行预调研，然后根据预调研情况修改和完善问卷。最后运用确定的调研问卷展开大规模的社会调查，对收集的数据进行录入、核查和统计分析，最终获得研究数据。

第四阶段：进行实证研究。遵循"产权安全性指标分解与测度——集体林产权安全论证——治理机制设计"的逻辑分析主线,依次对集体林法律产权完备性、集体林法律产权与事实产权差异性、农户产权安全感知水平从理论和实证两个层面展开系统分析。

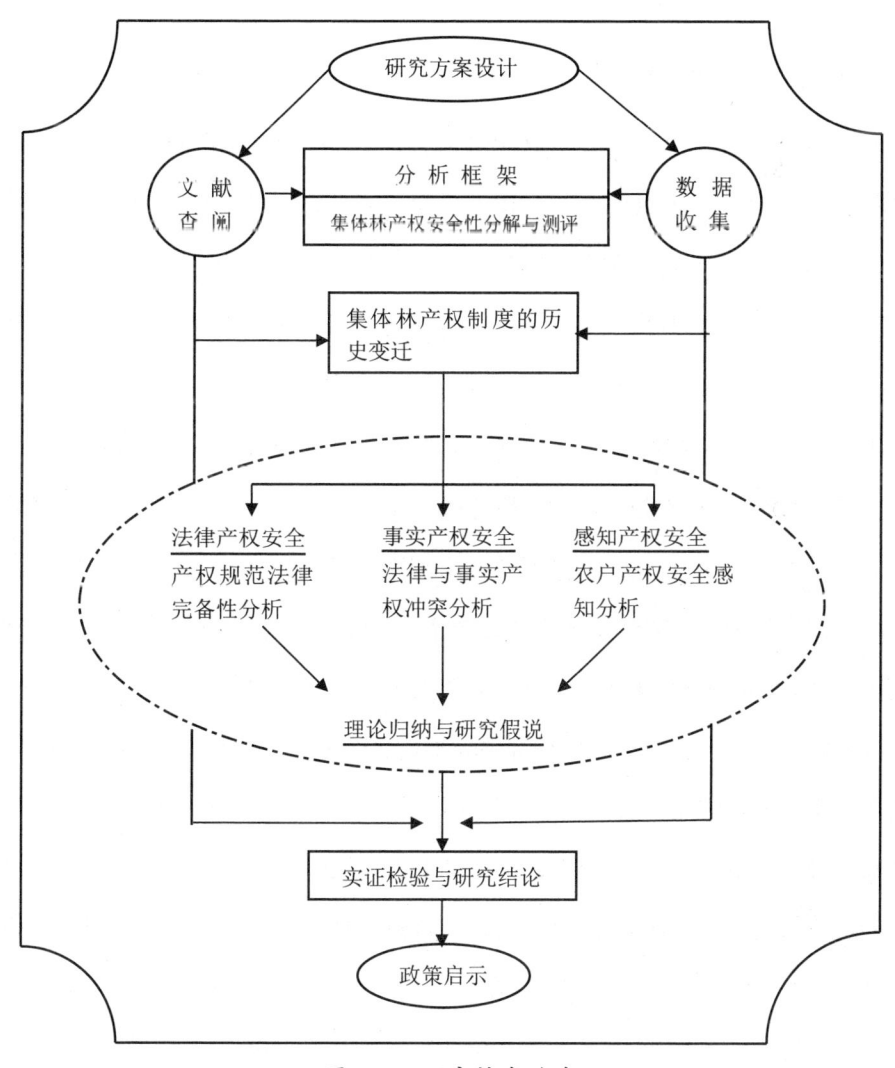

图 1-1 研究技术路线

第五阶段：总结主要研究结论，提出相应政策建议。综合分析比较集体林法律、事实和感知产权安全现状及差异化，提出本研究主要结论。并选择合理的干预工具，设计有利于提高我国集体林产权安全性及促进其有效治理的政策干预机制。

（三）研究区域和数据来源

本研究选择对已经进行了多次林改监测调查的福建省永安市、漳平市、建瓯市、政和县、武夷山市、屏南县、仙游县、永定区和长泰县等10个样本行政区域进行大规模的实地调查。福建省是南方重要的集体林区之一，2016年集体林地面积达926万公顷，占全省陆域土地面积的76.2%，森林覆盖率为65.95%，居全国首位。林改前，由于集体林权不清，经营主体缺位，福建林业普遍存在造林难、护林难、林农难致富、资源难增长、林业难发展等问题，为了挖掘林地生产潜力和增强集体林业活力，进一步发挥市场额资源的优化配置作用，2003年福建省在全国率先开展集体林改。作为全国集体林改的"先行者"，福建省林改成效显著，但是在少部分地区仍存在农户对集体林经营不满意等问题。为了确保林农不失山、有林经营，保障林区社会经济稳定，进一步扩大林权改革的成效，应对农户经营进行适度支持鼓励，且要及时规范引导。所以本研究选择以福建省10个行政区域为调查对象，对农户经营情况进行较为深入、具体的调查研究，以期真正了解农户经营存在的困难及真正的诉求，进而在农户经营过程中给予适度的支持鼓励并及时规范引导。

本文的数据来自2017年对福建省10个县（市）500个农户的调查。根据福建省各个地区的森林资源状况以及社会经济发展状况差异，采取分层随机抽样的方法抽取武夷山、建瓯、政和、屏南、尤溪、永安、漳平、永定、仙游和长泰共计10个样本县（市）。接着，按照"县（市）——乡（镇）——行政村——户"多阶段抽样的方法，从每个样本县（市）中随机抽取3个乡（镇），从3个乡（镇）中共抽取5个村，再从每个村随机抽取10户，共计500户农户。调查人员采用的是与农户进行面对面交流的访谈式问卷调查方法，即使调查时存在极个别农户会因外出原因无法接受问卷填答，也会在后续调查中进行实地回访并及时补上，因此不存在无效问卷，问卷的有效回收率为100%。

四、可能的创新与不足

（一）可能的创新之处

1. 研究内容的创新

已有研究大多将重点放在土地特别是农地产权安全性理论与实证研究方面，本项目尝试对集体林产权安全的现状及这一领域的前沿问题展开研究。目前这一领域研究较少，主要的研究来自国外的学者，加上产权安全本身难以进行统一的、标准化的度量，研究的结论也缺乏较高程度的一致性，本研究从法律、事实和感知三维角度研究集体林产权安全性，弥补了这一方面研究的不足，在内容上具有特色。

2. 研究思路的创新

引入三维产权安全概念，将集体林产权安全性分析及有效治理途径纳入研究的整体分析框架。按照"产权安全性测度——集体林产权安全论证——有效治理机制设计"这一逻辑主线，分别从法学、社会学、心理学视角来分析中国集体林的法律、事实和感知产权安全性，系统探究当前中国集体林产权安全状态，并提出相应的措施为集体林的有效治理提供政策启示。

（二）不足之处

由于研究时间、研究数据等原因，本研究的不足主要有：

1.高质量的、具有全国范围代表性的农户调查数据对相关部门制定土地政策是十分必要的。本研究基于福建这一个省份进行区域性静态分析，缺乏时间跨度和空间差异，导致上述针对农户集体林产权安全感知的检验并不充分。样本数量不大也会导致研究结论和政策建议的推广受到一定的影响。

2.本研究采用的是福建集体林改监测单独一年的调研数据。对于具有长周期特性的林业来说，一年的调查数据很难全面反映不同地区复杂多变的集体林权制度改革情况。此外，在产权安全感知影响林地投资这部分研究中未区分不同的林种，但是不同林种对劳动力投入和资本投入需求的差异可能会导致产权安全感知对林地投资不同程度的影响。

第二章 研究综述

近年来,关于森林产权安全方面的研究引起了广大经济学家的关注,主要集中在两个方面:一是关于产权安全的内涵和衡量方法;二是关于产权安全与森林经济行为相联系的实证研究。尽管大家普遍认识到了产权安全对森林经营的重要性,但产权安全到底包括什么?应该怎么实现?依然是众说纷纭。正是由于对产权安全的基本内涵和测度方法没有统一的认识,才导致研究的结论缺乏较高程度的一致性。鉴于此,本文将对国内外关于产权安全的理论和衡量指标的研究文献进行梳理,找出其存在差异的原因,并探析学者们从经验层面上对产权安全与森林经济行为之间联系的实证研究,为推进该问题的深入研究提供帮助。

一、关于产权理论的研究

产权经济学作为一门相对独立的经济学分支,目前已经形成比较完整的理论体系。产权理论的内容是相当丰富的,产权问题一直以来都是众多经济学家共同关注的焦点,不同时期的经济学家们都给予不同角度的论及和探讨。

美国德克萨斯大学教授佩乔维奇曾指出:"马克思是第一位有产权理论的社会科学家。"马克思对产权的理解是以其创立的唯物史观作为基本方法论的,是历史唯物性质的,而不是虚幻的唯心意识。他主要研究法律领域的产权关系，认为产权是一种与财产有关的法的权利。马克思指出，原始的公有产权是人类社会的第一种产权关系，是生产力的一种自然的或原始的状态，是以自然之物为劳动对象的人与人之间关系的一种体现。私有产权是在原始社会家庭的演变和分工不断细化的基础上发展起来的，私人家庭是私有产权的主体，家庭私有制是适应生产力发展需要的一种全新的社会关系。当然，不管是公有产权还是私有产权，马克思关于产权起源都有一个基本前提，那就是财产或资源是有限的。如果财产是无限的，那产权不可能产生，这是一个重要的假设前提。因此，马克思所揭示的产权是一种客观存在的经济关系，属于经济学范畴，并且只有当这种客观存在的经济权利关系得到法律的认可和界定时，才获得了法权的形式。

现代西方产权经济学理论是在马克思产权研究成果的基础上发展起来的新领域，这其中最主要的代表人物是科斯。科斯定理是关于产权安排与资源配置效率之间内在联系的定理，是现代产权经济学的核心内容。由于理解上的差异，不同经济学家对科斯定理的表述并不完全一致，使得对该定理没有权威的规范表述，不过这并不影响科斯定理的基本思想。一些西方经济学家立足于科斯的著作本身，对科斯定理进行了全面准确的表述，将其总结为由三个定理所组成的定理组。科斯第一定理被表述为"如果市场交易费用为零，不管产权初始界定给哪一方，当事人之间的谈判都会导致资源实现最优化配置"。由于市场交易费用为零，使得产权的交易变得没有阻力和代价。这样，即使初始产权安排没有实现资源配置的帕累托最优，市场机制也会自动地改变这种初始安排，将资源配置到最需要的领域和最有用的人手里。科斯第一定理局限于在零交易费用的市场交易方式内来讨论问题，如果失去这个假设或超出这个范围，那就另当别论了。科斯第二定理被表述为"在市场交易费用大于零的情况下，不同的权利初始界定会带来不同效率的资源配置方式"。不同的产权制度会带来不同的交易成本，进而会对资源配置效率产生不同的影响。科斯等也主张对现有不同产权制度的运行成本进行比较来评价制度的优劣或效率的高低，从而为产权制度改革的方向和方案的选择提供一个评判依据。科斯第三定理指出："制度本身的生产也不是无代价的，不同的制度生产方式将带来不同的经济效率。"在该定理中，产权制度的重要性得以充分体现。

诺斯的研究侧重于宏观经济史学领域，主要关心交易成本是如何使广义的宏观制度有意义并发生作用的。诺斯认为："制度是一个社会的游戏规则，或者说是一些人为设计的规范人类交往的约束。"诺斯还指出，制度可区分为正式制度和非正式制度两类，早期的研究忽视了非正式规则对正式制度的约束效率，并开始强调非正式规则如社会习俗、意识形态及文化对经济制度的影响。私有产权的建立虽然可以促进经济的增长，但非正式约束可能会使私有产权的效率难以得到发挥。制度的变迁是人类知识积累和认知过程的一部分。现实经济的变化导致人们认知的变化，促使人去修改控制结构，进而又导致现实经济的变化。可见，诺斯的学术研究方向已经偏离经济学研究范畴，转向以意识形态为核心的社会科学领域。

德姆塞茨是较早对产权概念和特征进行专门研究的经济学家，他在《关于产权的理论》一文中认为："产权是使自己或他人收益或受损的权利。"他既强调产权的行为性，认为产权是允许通过某种行为获取利益的权利；又强调产权的社会关系性质，把产权当作一种社会工具，其重要性就在于它能帮助一个人，形成他与其他人进行交易时的合理预期。阿尔钦在其论文《产权：一个经典的注释》中给产权下了一个定义："产权是一个社会所强制实施的选择一种经济产品的使用的权利。"他认为产权体系是授予特定的个人某种权威的办法,利用这种权威,可从不被禁止的使用方式中,选择任意一种对特定物品的使用方式。富鲁普顿和佩杰威齐在《产权与经济理论:近期文献的一个综述》一文中,通过对产权理论文献进行梳理总结,将产权定义归结为:"产权不是关于人与物的之间的关系,而是由于对物的使用而引起的人与人之间的关系。"该文概括性指出产权学派的一个共同特点是强调有关所有权、激励与经济行为的内在联系的某些基本思想。

二、关于土地产权安全的定义与衡量方法

国外学者较早对土地产权安全的内涵进行了界定,但是大多数研究没有给出明确定义。相反,学者们都试图从自己的研究立场出发,选取对该立场较为重要的特定条件并在这样的条件下定义产权安全。这样一来,不同研究者对安全的定义和衡量方法有着很大差异,很难找到一些普遍的分析理论可以将这些研究串联起来。

通过对文献进一步梳理和研读会发现,这类研究主要分为两类:一类是基于权利的保障性来给出定义。这些研究主要将产权(不)安全界定为权利的不确定性和失去部分或全部已有权利的可能性或感知上的可能性,包括收回土地与征用土地的权利;也有一些研究将它定义为在收回之前的预期居住时间、政府政策变化的不确定性、延期或续订的可能性以及免受外界强制的自由。一类是基于权利的实质性来定义产权安全。这类研究在讨论产权安全时主要关注权利的期限长短、合法的土地所有权、权利的可再生性以及变卖或转让土地的权利。

由于学者们对土地产权安全的定义各不相同,所以自然就有了不同的衡

量方法。描述权利保障性的学者衡量土地产权安全主要采用土地收回或征用的可能性、土地收回之前的预期时间、延期或续订的可能性、与毗邻业主或邻近土地所有者的冲突、政治稳定性以及对良好治理的感知；描述权利的实质的安全性衡量方法主要包括权利的可转让程度、合法土地所有权和土地所有权类型与土地的获取方式，三种指标。除此之外，还有使用权范围、拥有土地的期限、地权的可续订性以及与政府共享财政收益的义务等指标。

通过对上述文献的梳理可以发现，不同学者对土地产权安全的定义及其衡量方法存在着差异。李、罗泽尔和勃兰特（Li, Rozelle, and Brandt, 1998）和普莱斯和大冢（Place and Otsuka, 2001）认为，产生差异的原因在于无法获得与首选衡量指标相关的信息，因而采用替代指标。有学者认为，将拥有土地的时间长度作为土地产权安全的衡量方法可能是有问题的，因此加入了一个虚拟变量，即对土地被收回的可能性的感知。普莱斯和大冢（Place and Otsuka, 2001）也指出，由于无法获取关于产权安全明确的衡量方法的信息和数据，所以只好以获得土地的方式作为安全的衡量方法。还有一些学者对于使用的产权安全衡量方法与所提出定义不同的原因并未做出说明。

三、正式制度、非正式制度与土地产权安全

土地产权安全的强化路径是学术界关注的另一大焦点。传统的产权理论认为：通过土地的确权发证足以提供安全的土地产权，因为土地证书能减少产权的不确定性，增强产权的排他性，并为权利主体提供法律保护。布拉塞尔等（Brasselle et al, 2002）认为，只有当土地已被登记，并受到合法所有权保护之后，才能获得土地产权安全。然而，有学者认为，土地确权登记过程复杂、交易成本高，在强化土地产权安全方面的作用有限。雷林克和范杰尔

德（Reerink and Van Gelder，2010）通过实证方法证明了法律土地产权安全对产权安全的感知并无显著的影响。迪肯（Deacon，1999）的研究也支持了这一理论，认为合法所有权并不总是与地权的安全性有关。甚至，有些学者证明有些地区的土地产权正式化和合法化反而对土地产权安全产生负面影响。费德等（Feder et al，1988）认为，虽然泰国的非法占用土地者实际拥有的地权并不合法，却降低了土地者遭受终生驱逐的可能性，使他们拥有相对安全的地权。普莱斯和大冢（Place and Otsuka，2000）发现，虽然在乌干达只有地主拥有土地的合法所有权，但是佃户们也有很强的权利，包括受保护免遭土地被收回的权利。如果所有权是正式合法的，且由国家授予执行，政府却处于动荡之中，那么与所有权相关的产权也不一定非常安全。

然而，在发展中国家，正式制度体系往往是不健全的，在正式制度安排不足的情况下，非正式制度是正式制度的重要补充。在中国社会的许多领域，正式制度（如法律）往往是象征性的，而实际运行的规则可能与正式制度产生矛盾，非正式制度因素对实际和感知产权安全起着决定性的作用。目前，已有一些学者从实证角度来论证产权安全感知的影响因素。不少学者将研究聚焦于传统、习俗、地方性知识等非正式制度因素对土地确权的作用。另外，罗家德和李智超及陈明等认为，宗教长老权威、熟人社会网络、地方性知识和认知对化解农地确权矛盾有显著作用。有学者认为，农户的信贷能力、收入结构及其政治地位对农民的产权安全认知有显著的影响。仇童伟等研究表明，农户产权经历和村庄产权情景对农民产权安全感知具有显著影响，且对有不同产权经历的农民的影响有所差异。

四、土地产权安全对农户投资的影响

目前国内外许多学者对土地产权安全及其投资行为展开了大量的理论和实证研究。已有的理论研究认为,土地产权安全可通过三条路径(保证效应、抵押效应、实现效应)激励土地投资:(1)通过为投资者提供其成果不被政府、其他机构或个人侵占的保证来促进投资。(2)安全的产权有利于土地成为抵押品而获取信贷,增加农户可用的投入资金,促使投资水平的提高。(3)安全产权是通过允许投资者根据环境的变化适时地卖出或租出土地从而减少投资风险获取收益来实现的。定量研究则更多聚焦于法律和实施产权安全对土地中短期投资行为的影响,而且研究的结果存在较大差异。有些学者通过研究发现土地调整限制了农户有机化肥的使用。马贤磊认为,土地使用权证书发放的比例越高,农户在单位面积上施用农家肥的数量越多。史密斯(Smith,2004)认为合法所有权对固定投资和土地改良分别有积极影响。马里亚拉－卡布波(Kabubo-Mariara,2007)发现,更多地拥有土地的所有权和转让权会提升土壤的质量,征用的风险较低时有机肥料的使用就会增加。邵亮亮和黄季焜等的研究也表明,地权的稳定性对有机肥的投入有正向影响。马贤磊利用江西省农户调查数据进行分析,发现稳定的农地能够激励农户自发地进行土壤保护性投资,从而有利于土地资源的可持续利用。还有一些研究认为,产权安全与土地投资之间可能并无显著联系。陈铁等人对江苏省的研究发现,产权安全对田间投资并无显著影响。钟甫宁等人关于农户对未来土地调整时间的预期等代表地权稳定性的研究表明,在地权稳定性对农户投资影响的方程中,代表地权稳定性变量的回归系数在统计上都不显著。霍顿和约汉内斯(Holden and Yohannes,2002)发现,对地权安全的感知并未对农场投资品的购买和常年生植物的种植产生影响。布拉塞尔等(Brasselle et al,

2002)指出,在布基纳法索,投资与土地使用和转让权范围之间没有明显的内在联系。部分学者将承包地和租赁地分开,分别代表高水平和低水平土地安全性,结果证实土地产权安全高低对与改善土地质量有关的土地投资没有显著的影响。

五、土地产权安全对土地流转的影响

学术界针对土地产权安全及其土地流转展开了理论和实证研究。理论影响机制上,已有研究认为土地产权安全形成三种效应(生产性效应、交易价格效应、交易成本效应),进而影响土地流转行为。定量研究上更多聚焦于法律产权安全对农地流转的影响,且研究的结论并不一致。钱忠好、黎霆等认为,赋予农民长期稳定的农地产权能够稳定农户的社会保障权益,促进农地流转。熊彩云指出,农地产权界定可以在一定程度上促进农地流转,但是农地确权对农地流转的影响程度大小则取决于农地确权的执行力度以及农地流转的通道是否顺畅。其他学者认为,不安全的农地产权限制了农村劳动力向城市迁移,阻碍了农户参与农地租赁市场。有些学者却证明,土地产权的合法化反而对土地流转产生负面影响。程令国等人的研究表明,农地确权在增加了农户转出土地意愿的同时,也提高了土地流转价格,根据土地供求理论可知,这也会降低农户租入土地的意愿。马兰指出,农地产权安全性的提升会带来农地征收风险的下降,导致农户保有更多的农地,进而降低农地流转规模。还有一些研究认为,法律产权安全与土地流转之间可能并无显著联系。部分研究者基于中国9个主要农业省份8000户农户的调查资料研究发现,村级农地调整规则抑制了农户参与农地流转市场,但是,有无土地承包经营权证书并不显著影响农户参与农地流转市场。

六、关于森林产权安全的研究

国内外关于森林产权安全方面的研究相对较少,大多数都是探讨地权安全对森林采伐和森林投资两方面的影响,而且大多在发展中国家进行。

卡塔内奥(Cattaneo,2001)发现,在巴西,土地收回之前预期的居住时间与森林采伐率之间呈负相关。博恩和迪肯(Bohn and Deacon,2000)发现,政治动荡和森林采伐之间存在正相关的关系。索思盖特等人(Southgate et al,1991)认为,农业用地与森林采伐之间呈负相关。不过,也有一些研究并不支持这样的结果。戈多伊等人(Godoy et al,1998)发现,在玻利维亚,与大农场主之间的冲突会极大地加剧森林采伐,而与伐木工和小农之间的冲突则不会对森林采伐有重大影响。奥沃巴等人(Owubah et al,2001)认为,在加纳是否登记土地并不会显著地影响到农民保护森林或植树造林的决定。普莱斯和大冢(Place and Otsuka,2000)发现,获得土地的方式的确会对一些地区的森林采伐情况产生重大影响;不过,这种影响在一些地区是积极的,而在另一些地区则是消极的。大冢(Otsuka,2001)总结到,土地所有权的类型对森林采伐情况没有重大影响。这些研究的结果之所以会有差异,主要原因有两个方面:一是不同的地权安全衡量方法导致研究结果出现差异;二是关于森林采伐活动的定义不同。在某些情形下,植树造林和砍伐森林都会被视为土地投资的一种形式。

关于产权安全与森林投资间关系方面的研究较为不足。诺蒂亚尔和拉瓦特(Nautiyal and Rawat,1986)将地权安全定义为森林地权续订一期的可能性,并使用理论模型表明,地权安全会增加对木料加工场的资本投资。其他研究记者也研究了不列颠哥伦比亚地区地权安全与森林投资、货源地出现次数之间的关系，发现地权安全与森林投资呈正相关，与不能令人满意的货源地的出现次数呈负相关。勒克特和海利（Luckert and Haley，1990）认为，在不列颠哥伦比亚对两种森林类型的投资之所以存在差异，一个可能的原因就是两种地权类型的所有者所感知到的安全性不同。海斯（Hayes，1997）总结道：权利的可转让性增加会提升固定资产投资与种植树木的可能性。大冢（Otsuka，2001）发现，地权安全对苏门答腊岛上的树木种植与木本作物的收成产生影响，该影响有统计学意义。霍顿和约汉内斯（Holden and Yohannes，2002）发现，对地权安全的感知并未对农场投资品的购买和常年生植物的种植产生影响。王小军等人从农户主观评价的角度来分析林地产权改革对投资产生的影响，研究表明农户造林和施肥行为受其对税费制度改革满意与否的影响显著。其他人则分析了林地产权类型或产权安全的变化对农民的产权安全认知进而对林地投资有着显著的影响。

七、简要评述

虽然已有大量的研究土地产权安全问题的文献，但是本文通过文献梳理发现了既有研究存在的一些问题。首先，关于地权安全的定义不够清晰。在大多数情况下，研究者不会明确定义土地产权安全，仅有少数文献对地权安全进行了定义，但这些文献对于概念的界定较为模糊。其次，不同研究者对安全的定义和衡量方法有着很大的差异，这可能是导致产生不同的实证研究结论的原因。为了加深对经济行为的理解，有必要对土地产权的实质性和保障性进行区分。但事实上，文献中常常是将两方面同时使用来加以阐释。再次，大多研究的是农地产权安全性，缺乏对林地产权安全与林地经营行为的研究，而林业生产具有周期长的特性，且林地资源与附着于其上的林木资源密不可分，不可完全沿用农地产权安全的相关研究来解释。最后，以往的大多数研究忽视了产权安全和经济行为之间可能存在的内生性。虽然很多作者承认投资和森林采伐会对地权安全有潜在影响，但是鲜有研究真正去解决这些问题。

总体而言，现有研究取得了丰硕的研究成果，为后续研究奠定了良好的基础。但是，通过对文献的梳理，发现现有研究还可从以下几个方面加强：首先，由于不同学者对不同地区不同群体的产权认知不尽相同，造成了产权安全性定义与测度的混乱，降低了各类研究结论的可比性，因此，后续研究需要加强统一的产权安全性分析框架的构建与运用；其次，尽管大量的经验研究已经验证了土地产权安全对经济行为影响的存在，但是由于对土地产权安全的定义不够明确，导致这些经验检验结果存在较大差异。目前只有少数几个学者对产生差异的原因进行了分析，而系统地探讨造成经验结果差异的原因的研究不足，未来可以对这方面作进一步研究。最后，目前国内外学者更多地从单个侧面对产权安全进行界定及相关实证研究，除了范杰尔德（Van Gelder，2010）和少数研究者以外，几乎没有人对法律、事实和感知三个层面之间内在逻辑关联进行分析。缺乏从不同侧面深入研究土地产权安全的内涵和测度指标体系的文献，未来需要进一步加强。

因此，本研究基于范杰尔德（Van Gelder，2010）的产权三维分析模型，通过对产权与产权安全的界定，系统考察法律、事实和感知产权安全三者之间的内在逻辑关联以及对林农经济行为的影响，构建集体林产权安全性的理论分析框架，以期为深入认识当前中国集体林权制度安排中存在的问题提供新的视角和分析工具，为我国集体林权设计有效的产权治理制度，也为完善森林产权制度的实施环境提供有针对性的政策建议。

第三章　理论分析框架

一、产权与产权安全

近年来，产权作为一个中心经济制度得到了学者们的极大关注，产权理论起因于科斯对外部性问题的重新思考，并以科斯的交易费用这个概念作为研究开端，经过诺思、德姆塞茨、巴泽尔、阿尔钦、张五常等学者的进一步研究使得产权的理论体系更为完整。德姆塞茨认为："所谓产权，意指使自己或他人收益或受损的权利。"诺思指出："产权本质上是一种排他性权利。"阿尔钦在《产权：一个经典的注释》中指出："产权是一个社会所强制实施的选择一种经济品的使用的权利。"富鲁普顿和佩杰威齐通过对文献的总结，找到产权界定的共同特征，将产权定义归结为："产权不是关于人与物的之间的关系，而是由于对物的使用而引起的人与人之间的关系。"总而言之，产权可以理解为在资源稀缺条件下人们使用时的行为规范以及不遵守这些规则时的处罚。

产权作为人与人之间围绕财产而建立起来的经济权利关系，其本身就具有排他性、可交易性、有限性、可分解性等内在属性。首先，产权的排他性代表产权主体的个人意志，并且在这种意志支配下采取相应的措施。只要资源稀缺且排他的潜在收益大于现实成本，就会认为排他是有必要的。但是，如果产权主体没有能力支付排他成本以及国家、社会和个人不能对产权提供保护，那么产权也不具备排他的可能性。其次，任何产权要有限度，产权与产权之间必须有清晰的界限，否则，权能的行使将无法有效地进行，利益也无法实现，甚至会导致产权无穷尽的纠纷，也无法使产权的交易顺利进行。产权限度的界定需要有社会契约、法律等一系列制度或规则，并依靠相应的手段来保证规则得以实施。再次，产权具有在不同主体之间转手和交易的特性。特定的产权束可以作为整体来交易，也可以将权利束的任何一项或任意几项的组合作为交易的对象。产权的可交易性既是产权之所以能够成为产权的重要属性，也是产权降低交易费用、优化资源配置、激励等功能实现的内在条件。

产权的界定是产权理论的核心问题之一。科斯在《社会成本问题》一文中指出，清晰的产权界定是市场交易的前提条件，其核心思想在于论证在交易费用为正的情况下，产权的清晰界定对经济运行和资源配置效率产生重要的影响。产权对效率的影响主要是通过产权的基本功能实现的，一种产权安排或产权结构，就会有一种产权的功能状态。产权的效率功能概括为：（1）产权可以通过减少不确定性来提高经济效率。产权制度在一个社会中的主要作用是通过建立一个相互作用的稳定结构来减少不确定性。（2）产权能够引导人们实现外部性内部化，减少资源浪费，提高资源配置的效率。（3）产权可以构建激励机制，提高经济行为的生产效率。（4）产权的安排就是对资源的一种配置，产权通过驱动资源配置状态的改变来调节资源的配置。优化产权结构，能够优化其配置功能，进而提高资源配置效率。

古典的经济学理论认为，产权的界定依凭的主要是法律合约的规定性及其边界，且产权是处于绝对状态的：要么完全拥有，要么完全没有。但是，由于交易成本的存在，现实中的产权不管是在法律上还是经济上都不能得到充分的界定。完全界定的产权只是一种理想状态，任何产权在现实生活中都不可能是完备的。法律产权界定只是一种正式的产权初始界定形式，产权主体的行为才最终决定着产权的实质运行，经济产权才是产权经济上的实质内容。产权分析的侧重点不在于产权初始的法律界定，而在于产权在交易过程中的进一步确定。虽然法律权利一般能够增强经济权利，但其与经济权利之间既非充分条件，也非必要条件。产权是能够通过个人的行动改变的，所有者对产权的占有不可能是完全的，而是处于完全占有和完全不占有的中间状态；经济产权无法独立于社会之外，而是嵌入社会经济中，非正规的社会制度同样能够实现经济产权。

产权的清晰赋权是重要的，但产权主体是否具备产权行使的能力也是同样重要的。理论上虽然认为产权清晰界定是有利于市场的有效运行，但是，设置产权或者使不明晰的产权明晰化也是要付出代价的，而且在一定的时期和技术条件下，设置明确的产权是非常困难的。一项产权是否存在，并不完全取决于法律，还取决于人们受到激励所做出的努力程度，取决于人们怎样去行使或怎么去进一步界定产权。产权关系一方面是一种利益关系，受利益的驱动，产权主体会竭尽所能优化资源配置，提高资源利用效率；另一方面，产权关系同时还是一种责任关系。一旦产权关系得到法律的清晰界定，就会约束产权主体主动保护自己的产权不受破坏，从而促进资源的可持续利用。尽管法律界定的产权受到法律保护，但保护产权的更切实的力量来自当事人的努力和行动。在一定的条件下，产权保护比产权界定更重要，能否保护产权决定了产权的归属，但也可能导致产权效率低下。产权清晰或产权明确只是引导外部性内部化、激励与约束和减少不确定性功能的必要条件，而不是充分条件，产权功能的实现还有赖于产权的安全性，即产权划分、界定的普遍社会认可以及产权保护、行使的一系列规则执行的有效性。显然，产权的有效性越高，对产权的控制就越强，就越不容易被其他人"觊觎"，越不容易产生冲突。

科斯定理隐含的一个前提条件，即得到界定的产权都能得到有效地保护，然而事实上并不都是如此。由于成本约束，政府不可能对任何产权都能加以保护，因而个体保护产权的能力在一定程度上决定了产权效益和产权归属。但是，由于个人行为的多变性以及个人偏好的多样性，加上产权交易的复杂性和丰富性，使得产权的法律结构在现实中不能得到准确地反映或者与客观现实中的权利关系不能完全包容。因此，在任何社会，能够由法律界定和明确解释的权利仅仅是一部分，甚至是一小部分，产权还需要由社会的文化、习俗、伦理道德等来支撑和维持。产权强度决定着产权实施，是政府代理下的国家法律赋权、社会认同（或者社会规范）与产权主体行为能力的函数。不管怎样，产权安全性是众多因素（如法律、规制和习俗）共同影响的结果。

产权安全是一个较为宽泛的概念，并不存在固定的评判标准。由于不同国家或地区影响因素不同，学者们对产权安全的理解存在差异。已有研究主要集中在将产权（不）安全理解为失去产权或权利的风险或可能性，或者产权或权利的（不）确定性，甚至是产权收益的稳定性。因此，关于产权安全含义的界定不一，主要原因在于不同学者从不同视角强调"产权安全"对于减少失去权利风险的作用。传统的财产权理论观点认为正式的确权登记可实现产权安全，因此常将产权安全诠释为法律权利束的多少。然而，由于产权界定成本等因素导致法律产权在实践中时常走样，法律上的产权安全可能无法反映实际产权安全状况。因此，有学者基于保护个人生计和社会关系网的视角，强调产权安全不仅取决于明确可靠的权利，也依赖于众多政治、文化以及行政管理实践。事实上，任何社会中能够由法律界定和明确解释的权利仅是一部分，产权还需要由社会的文化、习俗、伦理道德等支撑和维持。近年来，越来越多的学者倾向于从感知视角来解释产权安全，将其定义为财产所有者对未来财产使用和占有风险的一种主观判断。它不涉及传统理论上的"权利束"，也不涉及法律保护。

综上，由于产权界定成本的高昂性、行为主体能力的有限性以及产权形式的多样性和混合性等多种因素的影响，产权在很多情况下是模糊的，是不能被清晰界定的，因此，应该将"产权安全（或产权有效）"而不是"产权明确（或产权清晰）"作为解决产权问题的核心。研究产权安全这一问题，不仅是产权理论进一步拓展和产权经济学发展的需要，也是解决与之相关的诸多社会实际问题的需要。

二、产权安全性的三维分析模型

随着中国城镇化的不断推进，人们越来越意识到土地产权安全是推动城镇化发展的重要引擎，但产权安全具体包括什么依然众说纷纭。因此，本文试图引入范杰尔德（Van Gelder，2010）的产权安全三维分析模型来解决这一问题，该模型认为产权安全包含三个维度，即法律概念上的产权安全、事实上的产权安全和居民感知到的产权安全。基于产权安全三维视角，将法律、事实和感知产权安全概念化，并明确这三者之间的内在联系及其对经济行为的影响。

（一）法律产权安全

法律产权安全主要包括产权的法律效力和国家法律法规对产权主体的保护两个方面。

1. 产权的法律效力

法律位阶与法律效力等级应该区分开来。当前，一些法律文件和法学教材把法律位阶或法律等级地位等同于法律的效力等级，这种说法是不妥的。法律位阶是指一个法律体系内不同法律规范之间的联系，代表着法律规范的等级地位。而法律效力指的是法律规范所具有的一种约束力，人们必须按照法律规定来规范自己的行为，应当服从和适应法律规范。不同位阶的法律规范之间是一种创造与适用的关系，即上位阶法律是下位阶法律制定的依据，下位阶法律是上位阶法律的适用。因此，高位阶的法律决定低位阶法律的内容，低位阶的法律必须符合高位阶法律的规定。法律效力代表法律的作用力，这是一种非物质性的力量，没有强弱之分和等级之差，只有效力的范围不同。所有的法律规范在其调整范围内效力都是一样的，对义务人的约束力也是一样的。

法律等级的差异性即关于上位法和下位法的区分决定了在法律实施过程中处理方式的不同。主要体现在三个方面：(1) 如果是相同阶位的不同法律规范之间发生冲突，那么法官应该根据后法优于前法的原则选择后来制定的法律规范，摒弃前法；(2) 如果两个相互冲突的法律规范位阶不同，那么法官应该根据上位法优于下位法的原则选择上位法律规范，宣布另一个法律规范不具有对义务人的约束力；(3) 如果是法律与政策对同一事项有不同规定或不同解释时，则法律的效力优于政策。当法律没有规定时，按中央政策或部门规章确定。可现实生活中往往出现一些在内容上与上位法相抵触的法律规范仍然被当作"法律"来使用，这只能说明法律体系不完善或法律监督机制不健全，而不能以此来否认法律的等级地位。

本质上说，法律产权安全是基于传统的产权概念而来的。依据产权理论，合法的权利降低了所有权的不确定性，允许国家在侵权行为出现时强制行使法权，并通过这种方式构建产权安全。法律产权是财产权利的法律形式，是以法律而不是以行政命令的形式来规范和保护农民的财产权利，这无疑让农民的合法权益受到更加稳定的制度保障。但该观点容易将法律产权安全等同于产权安全，认为只要赋予正式的法律权利，就能带来产权安全；反之，如果没有这些合法权利，那么产权安全也无从谈起。这背后隐藏着一种二分法的观点，即在看待产权合法化和产权安全关系时，认为非正规的产权环境必然是不安全的，而合法化的产权环境则默认为安全。显然，这种"合法—非法"的二分学说是有根本缺陷的，这种观点错误地将财产所有权这一正式的法律概念与事实上的、感知上的产权安全划上了等号。

2. 国家法规政策保护

另一种观点认为，当土地权利受到侵占时，可以依靠地权的法律地位及国家权力机关对其进行的保护。虽然这一观点与产权理论有诸多不同，但是它同样强调产权安全的法律维度和尊重法律的作用。土地法制化建设之所以会成为人们重点关注的主题之一，与我国城市化、城镇化进程推进和工业化快速发展过程中出现的大量土地征用矛盾、产权纠纷和法律诉讼等问题是分不开的。当出现权利界定的纠纷时，只有纠纷者意识到通过法院的裁决会清晰地界定权利以及不再产生权利界定的费用时，他们才会提起诉讼。联合国人居署居住权与反迫迁中心给出了一个与此类似的定义，指出地权安全是

"所有个人或群体获得国家有效保护的权利,使其免于在没有被提供、没有获得适当形式的法律或其他保护的情况下,违背个人、家庭和社区的意愿,从其居住的家中或土地上搬离。"

法律法规对产权主体权益的保护主要体现在三个方面:一是根据产权主体的意愿,通过法律授权许可,允许其对财产行使占有权、使用权、收益权和处分权;二是通过制定相应的法律法规,防止土地产权人依法享有的权利受到任何部门、单位和个人的侵犯;三是当产权主体的合法权益受到侵害时,可寻求法律的支持和保护,并通过法律手段依法提出相应的赔偿和诉讼请求。根据这一观点,土地产权安全源于一个事实,即一系列已知的法律规定已经保障了获得和使用土地与财产的权利。尽管这一理论与产权理论有诸多不同,但是它同样强调地权安全的法律维度,强调要尊重权利,一旦侵权行为发生,则这些权利可由国家强制执行。在所有法律理论中,土地产权安全指的都是土地产权的法律地位及依靠国家权力机关对其进行的保护。

(二)事实产权安全

产权的安全首先依赖于法律上的强制性,然而产权的界定、实施及其保护是需要支付成本的,其成本的高低与社会认同紧密关联。事实上的产权安全不考虑财产持有的法律状态,强调对财产的实际控制权。它通常是通过产权安全各组成部分的实际情况(如产权占有时间长短、持有权利束的数量和大小、权利的完整性等)来定义的。此外,除了权利本身的固有属性之外,事实产权安全还受到诸如媒体的调动、政治认可、行政实践等一系列外在因素的影响。这些因素会使人们在没有权利规定的情况下,在事实上认可对某一财产的占用,对构建事实上的产权安全起到促进作用。随着时间的推移,人们的行为规范、个人决策及集体选择会按照不同程度的乡民合意来约定俗成，宗教信仰、村规民俗等非正式制度是事实产权安全的重要型塑力量。因此，我们总能发现在现实的乡村，一套关于产权的法律规定往往具体表达为实际运行的乡规民约。由于事实产权安全是基于产权的实际状况来定义的，而且产权关系也是首先作为事实存在，然后才可能上升为法权。因此，它比法律产权安全更能反映产权的安全状况，通常是事实上的产权安全先逐渐增强，然后才达成法律上的产权安全。

事实产权与法律产权是客观的经济权利与其在法律上的硬化形式之间的关系。具体情况如下：

1. 事实产权与法律产权规定相一致

法律产权决定的是产权在法律上的正式形式，而事实产权决定的则是产权在客观经济事实上的实质内容。法律上的产权规定对客观经济事实不仅有反映的作用，而且具有规范、保护和调整的作用。当两者相一致时，客观的事实产权就获得了法权的形式和法律上的认可与保护，从而进一步明确和规范事实产权，有效地解决产权矛盾和纠纷。法律产权与经济产权的逻辑顺序是：先有经济产权才可能有法律产权，法律权利的出现会增强经济权利，但是对经济产权的存在来说，法律既非充分条件，也非必要条件。两者很少能够相等，经济权利始终小于法律权利。另外需要指出，法律和事实产权安全两者并不矛盾，可以并驾齐驱，加强一方的同时，另一方也得到加强，而不是受到削弱。

2. 事实产权与法律产权规定不一致

写在纸上的"制度"与实际实施的"制度"并不总是一致的。由于产权界定成本等因素导致法律产权在实践中时常走样，法律上的产权安全可能无法反映实际产权安全状况，甚至相互背离。法律上的权利之所以调整，根本取决于生产力因素及其与生产关系的矛盾运动。如果客观上产权关系没有变动或不要求变动，法律上的调整是不可能实现的。法律上的财产权利制度必然以现实的产权关系及其发展的趋势为依据。当两者不一致时，产权主体在产权权能实施的过程中会产生较多的纠纷，这需要产权的意识形态即社会认同对不完备的法律赋权进行补充和修正。同时，当事实产权与法律赋权的不一致甚至冲突积累到一定程度，就有可能倒逼法律的修正，以使法律赋权更具正当合理性。

（三）感知产权安全

谢利等研究者从社会心理学视角研究发现，行为人的态度和感知是基于情感、行为和认知成分三个方面，但是这三个成分彼此之间并不总是高度相关，因此，考虑所有三个方面是很重要的。一些态度或感知主要依赖于支持它们的认知，即个体对特定态度对象的思维，包括事实、知识和信念。还有些态度感知主要是基于与态度对象相关联的积极或消极的情感。如果使态度的情感成分更突出，会增加其对态度的影响，而使认知成分更突出，会使得认知成分成为态度更有力的决定因素。但是，当态度的情感成分和认知成分彼此一致时，到底哪个更突出并不重要。

行为人的认知是根据所掌握的信息来做出推论和判断的。由于现实中很多可用的信息经常是模糊的、不完整的或有偏差的，这给我们的判断和推理带来很大的困难。因此，人们倾向于根据先前存在的对人和情境的预期，获取与感知相关的信息，并整合信息快速做出判断。当然，具体要分情况讨论：（1）如果行为主体是感知形成过程中的被动接受者，他们将通过联结、强化或模仿学习来形成个体的态度和感知；（2）如果行为主体是信息的主动加工者，他们将有动机对论据进行认真的研究和系统的加工，以此来对论据进行评估。态度的认知过程相对复杂，行为个体也相对容易改变构成态度感知的认知成分，但在评价上却非常简单，而且一旦对态度对象评价后就很难再次改变。许多社会认知过程实际上是没有意识察觉、自动发生的。基本上，经过很多年来不断对环境中的积极和消极线索做出反应，我们对许多情境的情绪、认知甚至是行为反应都变成自动化的。

一旦行为主体确定与感知相关的信息，就必须进行实际的信息收集。但是信息是有限的，有时候，人们会忘记自己只掌握了非常少的信息，仍然做出自信的推理。而且，先期预期往往会导致信息收集过程中出现偏差。当行为主体已形成先验感知并且接触到一个与原立场不一致的信息时，能否抵制该信息的说服取决于行为人的立场是否坚定。表现为：（1）如果行为主体立场非常坚定，那么预期警告只会增加我们防御和抗辩的能力，维护和强化行为主体的先验感知；（2）如果行为主体立场不是特别坚定，那么预先警告将削弱我们抵制说服的能力，可能会改变行为人初始的先验感知。

此外，与感知对象有关的积极或消极的情感也是感知形成的一个重要成分。现实中我们经常对特定事件投入一定的感情色彩，而忽视实际有用的信息。情感和认知是互相协作和经常一起工作的。在很多时候，人们往往会记起与他们当前的情绪状态相近的材料。当行为主体同时接触到统计信息和与统计相矛盾但是有趣的个案历史事件时，往往是后者对他们判断的影响更大。也就是说，当出现更吸引人的轶事个案历史证据时，人们经常忽视相关的统计信息，而被个案历史所说服。同时，消极信息比积极信息吸引更多的注意，在做判断时也更加受到重视。

感知产权安全并没有一个明确的定义。不少学者从社会心理学视角出发来探讨产权安全感知的内在形成机制。范杰尔德（Van Gelder，2007）将感知上的土地产权安全视为一种感觉状态（居住者对其居住环境不安全性的感觉）和一种思想状态（感知上认为土地会被强制收回的可能性）。布罗加德认为，农户的土地产权感知由他们对其所处的产权环境的主观评价以及对未来产生土地财产纠纷的恐惧感所组成。卡特等人将产权不安全定义为一种不安全感，这种不安全感主要来源于住户对其感知到的遭国家或土地所有者迫迁的可能性进行随机估计。概括而言，感知上的土地产权安全或多或少都只是个人对其土地所有权情况的一种体验和感受，这种感受可能是准确的，也可能是失真的。此外，感知安全的衡量手段也存在局限性，这种手段本身很少涉及地权状况的法律或事实状况，也没有明确人们会在多大程度上视为不安全感以及不安全感的来源。因此，感知产权安全是一个独立的概念，但直接作用于人的行为，在具体运用中应该与事实和法律产权安全加以区分，避免对单一综合指标的复杂推理。

（四）三者之间的联系

基于上述分析可知，三个维度的产权安全界定来自三个不同的层面，而且不同种类的产权安全存在着一定的相关性，但法律产权安全、事实产权安全和感知产权安全三者之间并没有必然的联系，其内在关系视具体情况而定。同样地，感知上的产权安全不一定要与产权的法律状况相一致，与事实上的产权安全情况也可能并不相同。在这种情形下，产权安全的三个部分很可能是割裂的，不同种类的产权安全之间的关联度有多大，取决于制度、环境、个人、事件等多方面因素的差异。

三、集体林产权安全性理论分析框架

根据当前我国集体林区的产权状况，借助前文对产权安全的三维模型解析，构建集体林产权安全性的一般分析范式，如图 3-1 所示。

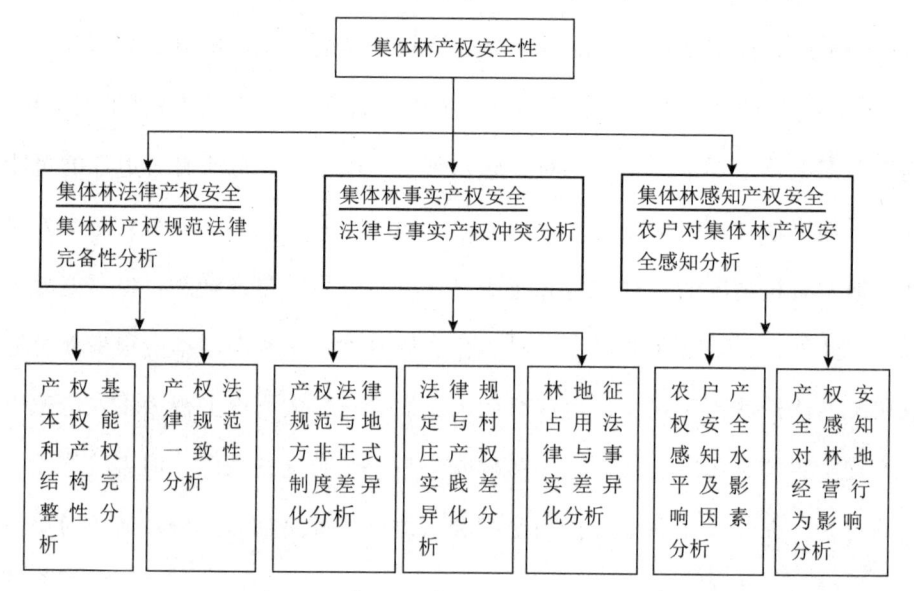

```
                        集体林产权安全性
        ┌───────────────────┼───────────────────┐
   集体林法律产权安全    集体林事实产权安全    集体林感知产权安全
   集体林产权规范法律    法律与事实产权冲突分析   农户对集体林产权安
   完备性分析                                  全感知分析
   ┌────┬────┐      ┌────┬────┬────┐      ┌────┬────┐
  产权  产权    产权法律  法律规  林地征   农户产   产权安
  基本  法律    规范与地  定与村  占用法   权安全   知感对
  权能  规范    方非正式  庄产权  律与事   感知水   林地经
  和产  一致    制度差异  实践差  实差异   平及影   营行为
  权结  性分    化分析    异化分  化分析   响因素   影响分
  构完  析                析              分析     析
  整性
  分析
```

图 3-1　集体林产权安全性分析范式

（一）集体林法律产权安全分析

集体林法律产权安全可通过集体林产权规范法律完备性得以实现。一方面，集体林法律产权通过对集体林产权的初始界定增强产权的排他性，降低产权的不确定性，给集体林产权主体提供法律上的保护，以此来提高集体林的产权安全性水平；另一方面，在正式的制度环境中，通过制定一些集体林法律法规允许执法机关、司法机关在侵权行为出现时强制行使法权，以达到保护集体林产权不受他人侵害和提高法律产权安全的政策目标。

集体林规范法律完备性可从以下两个方面加以评判：一是集体林产权基本权能和产权结构的完整性。集体林产权是一个较为复杂的权利体系，是权利主体对森林、林木和林地依法享有的所有、使用、收益或者处分的权利，是一组以所有权为基础，以使用权为核心，由各种权利所组成的权利束。在集体林产权制度改革的过程中，国家强调要明晰产权，以确保国家、集体和个人形成不同的利益分配。但在实际操作中，当林权所有者行使产权主体的权利时，部分权能又受到了各种限制，产权的概念十分模糊；二是集体林产权法律规范的一致性。由于集体林权制度的法律法规建设相对滞后，各地纷纷制定并出台了许多地方性行政法规条例。这些名目繁多的地方性行政法令法规和国家层面的法律制度明显缺乏相应的衔接，因此导致出现了行政权干预司法权、国家政策法规与地方性政策法规相互冲突的混乱局面。

（二）集体林事实产权安全分析

集体林事实产权没有受到相应法律产权规定的保护导致集体林法律规定和实际执行情况存在差异。在法律制度缺失的环境下，与集体林有关的法律法规往往难以有效地执行，集体林产权的保护更多地依赖于村规民约、宗教信仰等非正式制度的作用，因而集体林法律产权安全水平并不高。即使在集体林法律体系日益完善的今天，仍然有许多客观存在的林业产权关系没有及时得到地法律认可和保护，集体林法律所规定的权利在实际经济生活中往往不能完全实现。原因有两方面：一是某些集体林产权关系一旦形成，会被社会所认同自觉形成一种秩序，依靠人们的观念或习惯就得以维持，无须上升为集体林法律产权；二是集体林法律产权和客观事实产权都是动态的、发展的，但是相对于事实产权变动，集体林法律上的调整总是滞后的，在一定时点上总有部分集体林事实产权没有上升到法律产权。当集体林事实产权没有受到相应的法律认可和保护时，就会造成法律规则的不确定性和不一致性，这为相机抉择提供了机会。由于集体林权制度自身安排的缺陷是集体林法律与事实产权之间差异的内在因素，而政府对集体林权制度安排的过度干预是差异产生的外在因素。一旦发生产权矛盾和纠纷，人们往往援引不同时期的政策法规来说明自己的"正确"。于是，纠纷的处理与规则的选择过程变成了一种政治博弈过程。因此，确切地说，判断集体林法律产权与事实产权差异性之有无、差异性大小主要可以依据以下三个方面：一是集体林产权法律规范与地方非正式制度的差异化分析；二是集体林法律规定与村庄产权实践的差异化分析；三是集体林地征占用法律与事实差异化分析。

（三）农户对集体林产权安全感知分析

产权的功能主要体现在对产权主体的约束和激励，从而实现对稀缺资源的优化配置，而农户对集体林产权安全的主观感知是影响其林业经营行为的最直接因素。只有将农户的产权安全感知作为研究的核心因素才能更好地理解他们的土地行为。从产权经济学的角度分析，评价一个制度体系是否有效的标准在于评判这种制度约束下的经济实体生产行为是否得到激励。换而言之，评判新型集体林产权制度优劣的标准应该是评价该制度能否激励林业经营者进行林业生产投入或扩大林业生产投入规模。因此，应充分重视当前农户集体林产权安全感知现状，并探究影响农户产权安全感知的主要因素，以甄别出哪些特性的农户产权安全感知水平更高，进而分析什么类型的农户对林地投资和流转具有更强的敏感度。

1. 农户产权安全感知的影响因素分析

已有研究证明，除了正式的法律制度和以信任为基础的非正式制度因素外，农户家庭收入结构、农户投资行为、信贷能力以及户主的政治地位等因素也会对农户产权安全感知产生影响。

2. 农户产权安全感知对集体林经营行为的影响分析

集体林法律产权安全和事实产权安全对农户林地利用的影响都是通过农户产权安全感知得以实现的，而农户的产权安全感知又是直接作用于集体林业的经营行为。一方面，农民对其当前或未来地权的信心度是其做出长期土地投资决定的核心因素。这是一种本能上的吸引力，因为想要让农民能够收获其投资的成果，持有未来的土地产权是很有必要的。安全稳定的产权不仅有利于经济发展和贫困减少，而且能够促进权利主体的投资行为，提高农户经营生产效率；另一方面，土地产权安全会通过形成生产性效应、交易价格效应和交易成本效应来进一步影响土地的流转行为。

四、本章小结

为了使得集体林产权安全性能在统一的概念及框架进行分析，本章内容首先对产权、产权安全的概念以及两者间逻辑关系进行界定。其次，在范杰尔德（Van Gelder，2010）的产权安全三维分析框架的基础上，从法律产权安全、事实产权安全和感知产权安全三个维度进行解释和拓展。最后，立足于当前我国集体林区的产权现状，借助前文对产权安全的三维模型解析，构建集体林产权安全性的一般分析范式。

第四章　集体林产权制度的历史变迁

　　森林资源权属是反映森林资源所有制状况的重要指标。我国森林资源按权属可划分为国有林和集体林两种。根据第八次全国森林资源清查结果，集体所有的林地面积为 18 630 万公顷，占全国林地面积的 60.01%；集体林面积为 11 740 万公顷，占全国林地面积的 61.41%；集体所有的森林蓄积为 54.25 亿立方米，占全国森林蓄积的 36.71%。以上数据显示，集体林已成为我国极其重要的森林资源，其经营状况的好坏将直接影响着我国森林资源的质量高低与数量多寡。

　　伴随着农村集体农业产权制度改革，集体林产权制度也经历了大致一样的变革。尽管目前学界对耕地产权改革成效的探讨仍在激烈的进行中，但从总体上来看，农村耕地产权制度已经趋于稳定。与此相比，集体林产权关系与市场经济发展之间不协调的矛盾却日益凸现，迫切需要进行相应的变革。因此，本章回顾总结建国以来集体林产权制度改革的历史经验或教训，不仅有助于对我国集体林产权制度改革及其历史变迁有一个更为全面、深刻的认识，而且也旨在为后续系统分析集体林产权安全性现状提供一定的研究背景。

第四章 集体林产权制度的历史变迁

一、概述：一个变迁图示

回顾建国以来集体林产权制度变革的历程，大体可分为六个阶段：一是1949年至1952年的土地改革时期，废除封建土地所有制，建立农民土地所有制，将大部分山林划分给农户个人所有并由家庭统一经营；二是1953年到1957年的合作社时期，将农户所有的山林所有权全部折价入社，由合作社集体统一经营；三是1958年到1979年的人民公社时期，把原合作社的山林全部归为人民公社集体所有，山林权属由原来的小集体转变为大集体所有；四是1980年到1991年的林业"三定"时期，集体山林又重新分包给农民经营，一些地区的集体林出现股份合作制、合办林场等多种产权形式，产权关系比较混乱；五是1992年到2002年的林业股份合作制和荒山使用权拍卖时期，全国一些地方逐步出现了股份合作制、联户经营、"四荒"使用权拍卖等多种形式，导致集体林产权动荡不安；六是2003年至今的集体林权制度改革时期，将集体山林分山到户，农民成为集体林地的使用人和林木的所有人。

从集体林产权制度形成和变迁历史来看，新中国成立以来的我国集体林产权变化一直体现着"分"与"合"的转换轨迹。但是产权的"分"与"合"并不是非此即彼的关系，两者之间还存在较为模糊的灰色地带。也就是说，从土改时期的家庭经营到合作化时期的团体共营，再到林业"三定"时期的家庭经营或合作制经营，我国集体林产权制度变迁表现为一个"分权—集权—分权"的连续变化过程。土改时期，将没收和征收的山林分配给农户个人，此时林权表现为高度分散化状态；在合作化时期，林业生产经营要由合作社统一进行安排，使得林权逐渐转为合作社集体所有，林业产权集中化程度不断增强；随着人民公社时期"一大二公"运动的到来，林权迅速从小集体所有转为大集体所有，呈现为彻底的集权状态；直到林业"三定"时期，林权公有化程度达到了最大值；而在此之后，集体林权制度改革将集体山林分山到户，林业集权程度不断减弱。因此，我国集体林产权集体化程度大致呈现了一个倒"U"字形的变动趋势（图 4-1）。

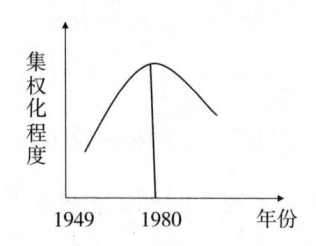

图 4-1　集体林权制度变迁总体特征图

二、土地改革时期：分林到户、家庭经营

1949 年 9 月 29 日通过的《中国人民政治协商会议共同纲领》中第三条明确规定，中华人民共和国必须废除地主剥削阶级的土地所有制，有步骤地将封建半封建改变为农民的土地所有制，保护农民的经济利益及其私有财产。1950 年 6 月 30 日，中央人民政府公布实施的《土地改革法》中指出："没收和征收的山林、鱼塘、茶山、桐山、桑田、竹林、果园、芦苇地、荒山及其他可分土地，应按照适当比例，折合成普通土地并统一分配给农民。"这是土地改革时期关于山林权属处理的最初法律依据，该法的颁布实施标志着新中国第一次土地改革制度的完成，也为第一次集体林权制度改革提供一个新的开端。1951 年 4 月 21 日，政务院颁布的《关于适当处理林权，明确管理保护责任的指示》中指出，正在进行土地改革的地区，应按照《土地改革法》的相应规定分别处理地主的森林和一般的大森林。县级人民政府应根据当地实

际情况，并结合《土地改革法》的规定分别对零星分散的山林进行清理和确权发证。由此，通过土地改革运动的实行和相关法律政策的实施，广大农民分得了个人所有的土地和山林，成为林地、林木的所有者以及林地的经营者，拥有完整的森林权属利益。据统计，截止到1952年除台湾省和西藏、新疆等部分少数民族地区外，全国基本上完成了土地改革任务有3亿多农民分到了4 667万公顷左右的林地。

三、合作化时期：山林入社、互助合作

1953年开始，全国进入了有计划的经济建设阶段，农村各地开始了合作化运动。与农业一样，不少林业地区的农民以互助合作形式将农田、山林、农具等生产资料折股入社，建立初级形式的林业合作社。尽管合作社本质上具有产权公有化性质，但是这一时期的农民仍保留对原有山林的所有权，只是暂时交给合作社共同使用，而且农民可以自愿入社和自由退社，并在年终收益分配时依据其拥有的所有权获得相应数量的林地报酬。因此，从某种程度上看，初级合作社时期的林业产权仍然是私有性质的，但是这种产权分配方式克服了家庭经营的局限性，有利于改善林业生产经营条件，实现规模经济效益。1955年4月，初级合作社达到67万个，超过了计划发展的60万个，但是也导致不少地区出现强制命令、违反自愿自由原则的现象。

1956年6月30日，第一届全国人民代表大会第三次全体会议通过并实施的《高级农业生产合作社示范章程》中规定，除房前屋后和自留山的少量零星树木仍归社员私有外，幼林、苗圃、大量的经济林和成片的树林都要根据经营难易和收益大小等作价入社，转为单一的合作社集体所有。农村林业逐渐由个体分散经营转向集体统一经营，由合作社确定成员分成比例并逐步

偿还。1956年，全国农业合作化运动进入迅猛发展阶段。根据《中国的经济体制改革》统计，1955年全国共有1.18亿户农户加入合作社，占全国农户总量的96.3%，其中参加高级合作社的农户仅占3%，但是到1956年年底这一比重迅速增加到87.8%。1956年6月，全国高级合作社占合作社总数的11%，但是1956年年底上升到51%，1957年4月则上升到63%。截至1958年9月，高级合作社在全国普遍建立和得以发展，但一些地区在处理山林入社问题时仍存在忽视甚至侵害农户个人利益的强制实施行为，引发农民的不满，从而导致一些地方乱砍滥伐现象时有发生。

四、人民公社时期：集体所有、统一经营

1958年8月29日，中共中央通过了《关于在农村建立人民公社的决议》，会议决定在全国农村地区开展人民公社化运动，普遍建立政社合一的人民公社。按照"一大二公"原则，原合作社的农田、山林、耕具等生产资料全部归公社所有。除了在并社初期保留一些零星果树外，农民不再占有任何生产资料。在合作社时期，一些需要偿还折价款的山林也将全部低价转让甚至无偿归还给人民公社集体所有，短时间内农户彻底失去了原有的林地、林木所有权，严重地损害了林农的根本利益。在高度集权和急躁冒进的双压之下，人民公社的数量急剧上升，1958年8月全国人民公社所占比重仅为30%，1958年9月却上升至98%，短短一个多月的时间，全国农村除了西藏自治区以外基本实现了人民公社化。然而，由于人民公社对土地采取统一生产、集中劳动和统一核算的原则，而且在全公社实行平均主义分配方式，极大地挫伤了农户生产经营的积极性，进而导致林业生产效率显著下降，并严重影响了农村山区和林区广大林农的生活。针对这些问题，中共中央于1961年6月

26日颁布了《关于确定林权、保护山林和发展林业的若干政策规定（试行草案）》，明确规定合作化时期种植的树木归社员所有以及今后社员种植的零星树木都必须归社员个人所有，一些有柴山、荒坡的地区应根据历史习惯和个人要求将一定数量的"自留山"划拨给社员长期经营使用，以期能促进林业生产和林区经济的恢复和发展。

五、林业"三定"时期：均山到户、家庭经营

林业改革基本上是紧跟着农村改革而起步的，而20世纪80年代林业"三定"时期是集体林权制度改革的重要阶段。1981年3月8日，中共中央、国务院颁布《关于保护森林发展林业若干问题的决定》，明确提出当时指导林权制度改革的林业"三定"政策包括稳定山林权属、划定自留山并落实林业生产责任制三个内容。1981年6月起，林业"三定"工作在全国正式启动。1983年年底，全国农村共有65%的县市和79%的生产队完成了林业"三定"工作。1984年年底，全国完成山权和林权划定工作的集体林场达到95%。

与农业经营制度改革的主要成果得到普遍认可、肯定不同，20世纪80年代的集体林经营制度改革出现了非常复杂的现象。改革面临的问题和困难必然具有时代特点。林业"三定"时期改革实践中努力解决的重要问题包括：稳定山林权属、扩大森林面积和提高森林质量、提高防护林比重、控制农民木材消费和采伐、鼓励农民造林、鼓励农民通过多种经营提高收入、农民权益保护、集体权益保护和增强集体民主管理能力、增强林业部门经营管理能力等。这些重要问题在这一时期改革中得到不同程度的解决，有些问题解决得非常好，也有不少问题即使按当时的标准衡量也没有解决好。因此，由于当时简单照搬农业制度改革的做法，忽视了林业特有的特点和规律，从而导

致一些地区出现一定的乱砍滥伐现象，森林资源遭到严重的破坏。

六、林业股份合作制和"四荒"治理时期：经营方式多元化

20世纪90年代初，随着市场经济体制改革的不断推进，全国各地开始积极探索林权制度改革的新方法，森林资源市场化运转迅速兴起，产权主体越来越多元化。第一次林权改革之后，国家为了大力推进林权、山权的市场化交易，选择在湖南怀化市、福建三明市以及广东始兴县为试点逐步推广林业股份合作制，并对责任山采用分股分利的联合经营方式，其目的在于试图通过建立林区产权市场来促进资源向资本的转化。1993年11月14日，中国共产党第十四届中央委员会第三次全体会议通过了《关于建立社会主义市场经济体制若干问题的决定》，为我国林业产权市场化运作提供了法律参考和政策依据。

为了改善农村生态环境及农业生产条件，促进农民增收和农业可持续发展，1996年6月1日国务院办公厅发布了《关于治理开发农村"四荒"资源进一步加强水土保持工作的通知》，要求应根据当地实际情况对农村集体所有的荒山、荒沟、荒丘、荒滩实行联户承包经营、股份合作制、拍卖使用权等多种形式，切忌采取"一刀切"的做法。1997年，内蒙古、山西人民政府分别于10月13日和12月2日印发了《关于治理开发农村"四荒"资源实施办法》以及《关于拍卖农村"四荒"地使用权搞好小流域综合防治的若干规定》的通知，以期能充分调动广大农民治理开发"四荒"地的积极性。改革也取得了初步成效，但是由于承包、拍卖和租赁程序不规范，导致一些地方"四荒"治理效果不明显，部分地区森林资源流失较为严重。

七、集体林改时期：林地集体所有、农户承包经营

2003年6月25日，中共中央、国务院做出了《关于加快林业发展的决定》，要求对林业体制、机制和政策进行进一步改革。其中对林业产权改革提出了总体要求，即"产权越明晰越好，产权主体越具体越好，产权处置权越落实越好"。改革的指导性目标明确了，但是改革的具体目标和基本方案并未确定。在经历了二十多年的农村改革之后，集体林权制度改革以这样一种方式进行部署确实不同寻常，显示了集体林权制度改革的复杂性。改革的复杂性还表现在改革的具体目标和基本方案并没有在短期的调研和论证后确定，而是先由地方政府再一次进行探索。在福建、江西、辽宁和浙江先后于2003年、2004年、2005年、2006年相继开展集体林权改革试验后，国家林业局确定了改革具体目标和方案，但是经过多年的努力，许多重要问题解决得并不好，2006年国家再一次启动集体林权制度改革。2006年2月27日正式对外宣布中国将全面推行集体林权制度改革。国家林业局制定的改革方案经过两年的试验最终得到中央的认可。

2008年6月8日，中共中央、国务院在《关于全面推进集体林权制度改革的意见》中公布了改革的最终方案，提出："用5年左右时间，基本完成明晰产权、承包到户的任务。在此基础上，通过深化改革，逐步形成集体林业良性发展机制。"在中央政府和地方政府的强力推动下，按照改革的主要目标推进，改革总体上比较顺利，2012年国家林业局宣布：明晰产权、承包到户的改革基本任务已经完成，27亿多亩集体林地完成确权，1.4亿农户、5.34亿农民获得林地林木资产，其中8981万农户拿到林权证。这就表明国家已经确定在集体林经营中建立了与农业类似的农民家庭经营体制；林地的所有权归集体，林地的自主经营权归农民，农民的权益必须保障。确定农民的林地经营自主权

并不意味集体林权制度改革的结束。国家林业局在推进改革过程中已经意识到仅仅实施落实林地经营权是不够的，因此在推进改革过程中，也在推动多种形式的配套改革。在2012年宣布完成了以落实农民林地经营自主权为主要目标的主体改革任务后，国家林业局仍然提出要进一步深化集体林权制度改革，并且认为深化改革的任务还很艰巨。2016年，国家林业局提出要密切关注改革中出现的各种问题，通过深化集体林权制度改革，全面提升集体林业发展质量和效益。基于此，国家提出改革目标是："实现资源增长、农民增收、生态良好、林区和谐。"国家改革方案也提出了改革实践针对的重要问题：产权落实到户或联户、确权发证、保护农民权益、完善采伐管理、规范林木流转、增强公共财政支持、推进林业投融资改革、加强林业社会化服务。2018年，国家林业局与其它部门整合为国家林业和草原局，此举代表了国家对资源环境的重视，也是林业发展、改革的又一伟大举措。当然，从改革的目的、目标和希望解决的重要问题看，这次改革同样面临重要而艰巨的任务。

八、本章小结

本章根据时间的先后顺序，采用历史分析方法，回顾建国以来我国集体林产权制度的变迁历史，并对其中一些特点和规律进行相应总结。研究发现，新中国成立以来，我国集体林产权制度改革大体经历了土地改革、合作化、人民公社、林业"三定""四荒"治理和集体林权制度改革六个阶段。从改革变迁的历史来看，1949年以来，我国集体林产权变化一直体现着"分"与"合"的转换轨迹，重新界定产权成为历次集体林产权变革的主题。总体来说，我国集体林产权制度的变动是比较频繁的，但不同时期变动的频率和特点不尽相同。

第五章　集体林产权法律完备性分析

从1979年颁布实施的《森林法（试行）》开始，我国陆续出台了《森林法实施细则》《退耕还林条例》《关于加快林业发展的决定》和《关于全面推行集体林权制度改革的意见》等一系列与林业有关的法律、法规和政策，集体林产权的界定已逐步走向合理化、规范化。但是显然这些林权规定过于分散，只是对集体林权做了原则性的笼统说明，并不能满足产权法律完备性和明晰性的原则。多年的政策更迭导致我国集体林产权普遍存在界限不清、权能不明、利益分配不公等严重问题。此外，随着时代的变化和社会的发展，集体林法律法规在实施过程中逐渐暴露出一些缺陷，导致林改实践中的法律依据不足，难以适应当前社会的发展。因此，对以《森林法》为首的林业法律法规进行梳理、完善和修改已经被正式提上议事日程。这也是目前我国集体林产权法律界定所面临的困境。

一、集体林产权基本权能与相应的法律规范分析

（一）产权权能与利益

关于产权的探讨大多是在经济学特别是新古典经济学的产权理论框架中进行的，其基本的命题是："产权是一束权利。"即产权不是单项的权利，是

一组由所有权、使用权、收益权和处分权所组成的复杂权利或权利体系。"产权束"的概念是由德姆塞茨首先提出来的，他在谈论产权时，使用的是诸如"一组产权"或者"两组产权发生交换"此类的说法。经济学家阿尔钦（Alchian，1965）也指出，产权交换的实质不是物品、服务的交换，而是一组权利的交换。埃格特森认为，产权不是单个权利，而是一束由使用权、收益权与转让权组成的权利，产权表现为附着于财产之上的"一组权利"。

任何一项产权都包含了主体的权能和利益两方面内容。权能是指产权主体对财产的权力或职能，而利益则是指产权主体通过行使产权权能获得的效用或好处。权能与利益相互依存，缺一不可，存在着内在统一关系。就产权主体而言，首先，利益是权能实施的目的，获取权利是为了获得利益；其次，财产的权利是利益存在的前提和基础，有权才能有利；再次，利益是权能行使的结果，有权才能得利；最后，反过来看，利益又是使一项权能得以成为产权内容的条件，有利才算有权。否则，该项权能就不能构成产权，也没有实际意义。理论上讲，所有权、占有权、支配权和使用权四项产权均有各自权能和利益。每一项产权主体都需要先在产权客体上对象化自己的意志，并将这种意志转化为某一特定的行为，通过这种意志化的行为获取相应的利益。

产权结构是指在特定制度背景下产权构成要素及其内部各项权利在不同主体之间的安排状况。产权结构与产权功能密切相关，结构影响功能。产权束的可分割性拓展了产权主体对产权空间和产权安排的选择，而这种行为和选择的集合又通过减少不确定性、激励约束、资源优化配置等功能来促使产权主体降低成本、提高效率以及增加投资或产出。任何一组特定财产的权利束都有一个内部权利结构，通常包含两方面含义：一是它由哪些权项组成以及相互之间的关系如何；二是不同权项的分离组合状况。"四权"即所有权、占有权、支配权和使用权，只是一般意义上的划分，其中任何一项权利的权能和利益都可以根据需要划分得更细。现实中产权的劈分程度和权项多少是随着社会分工的发展而变动的，社会分工越发达，产权权能劈分得越细，权项的数量越多，产权的结构越复杂。

理解不同权项组合的含义需要把握以下几个关键点：

（1）产权权能的可分工性和利益的可分割性。对特定财产的各项产权，可以同属于一个主体，也可以分属于不同的主体。当特定主体同时拥有特定财产的所有权、占有权、支配权和使用权时，就意味着他兼行四项权能，也独享"四权"带来的全部利益。虽然对任何财产权利的权能划分在理论上是可行的，但是只有当产权由完整变为分离时，才具有现实的意义。产权之所以能够发生交易的前提条件之一是特定财产的权利体系发生分解，即不再属于同一个主体或者可以不属于同一个主体。因此，在现实生活中，产权完全归属于某个产权主体所有的情形是极其少见的，现实世界的产权常常是被分割的。虽然利益分配不是权能分解的充分条件，却是必要条件。当产权权能发生分解时，必然有利益分割，相应的利益分属于不同的权能行使者。当然，权能的分解并不是无限度的，现实中分解到什么程度取决于社会经济的发展状况以及特定的背景场合。这里要特别强调的是，狭义所有权是特定财产的根本性产权，决定着产权关系的性质，不具有任意可分解性。

（2）产权权能空间和利益数量的有限性。一方面，对产权主体来说，拥有界限确定的产权，就确定了其选择的集合，也限制了其作用的空间。权能空间的有限性既约束着产权主体的作用范围和行使方式，也界定了其什么可为以及什么不可为。当然，客观存在的有限性要转化为约束产权行为的规则是需要一定的条件的。这不仅需要人们能够分清不同产权之间的界限，而且还要依靠一系列产权制度或规则来保证产权限度得以界定以及界定后的规则得以实施；另一方面，产权的有限性还体现在特定财产的任何一项权利的利益都可以定量，而且都有一个数量限度。产权界定清晰是产权效率提高的前提条件，其基本含义是任何产权的权能空间和利益数量都可以而且必须定量化。当产权主体行使权能时不仅界定了其作用的范围，也确定了利益的边界，限制了其不可以得到更多的东西。如果产权主体的行为超出了所界定的范围，获取了不该得的利益，就是越权或侵权，他也将为此承担相应的代价。

（3）产权权能和利益的动态性。在某一时点上，任何产权都必须有限度，但这并不意味着产权之间的界限是固定不变的，也不意味着产权的权能空间和利益大小永远是个固定的量。随着生产力水平的提高、社会分工的发展以及社会财富数量种类的变化，财产的权能和利益在社会成员之间的分配格局也在不断变化。不同主体的产权格局在变化，单个产权主体也总是在不断调整其内部权利结构。产权分解后各项独立的权能可以重新组合，从而形成一种新的产权结构，也带来一种新的产权功能状态。产权的合理分解和适当重组都是产权结构优化的基本手段。对特定财产的产权来说，除了做"四权"的一般性划分外，是否需要对每一项产权作进一步划分主要取决于社会分工对产权权能分工的要求以及特定条件下对产权划分的特定需要，而所有这些"要求"和"需要"都是会发生改变的，因而更细化的产权变动和产权界定是随时空条件的变动而不断进行的。

（二）集体林产权基本权能的法律规范分析

1. 集体林产权基本概述

森林产权是指产权持有者依法享有的对森林、林地和林木的所有权或使用权。中国的森林产权的概念在法律界定上是比较明确的,即国家和集体拥有林地的所有权,个人可以按照法律的规定取得林地的使用权,国家、集体和个人都可以拥有林木的所有权。集体林产权是相对于国有林产权而言的,是我国林业特有的一种产权制度安排方式。集体林产权是建立在林地、林木的所有权和使用权属于农村集体,集体林地的使用权和林木的所有权、使用权属于农民个人的一种产权制度。

(1)集体林产权主体

根据法律规定或者合同约定,林权主体可以界定为依法享有各项林权的权利人。权利主体作为财产权利的构成因素之一必须要明确,否则产权所有者无法行使该有的权能,也不能获得相应的利益。按照我国有关的法律规定,集体林产权主体包括集体、单位和个人。产权主体随着产权客体的不同而变化,集体林地的产权主体比较明确,为"农民集体"。《宪法》第10条规定:"农村和城市郊区的土地,除由法律规定属于国家所有的以外,属于集体所有。"《土地管理法》第2条也明确规定:"中华人民共和国实行土地的社会主义公有制,即全民所有制和劳动群众集体所有制。"集体林木的产权主体比较多元,可以是集体、单位或者个人等自然人、法人或非法人,具体来说就是村集体、林农、乡镇政府等。

(2)集体林产权客体

权利的客体是权利关系存在的重要基础,产权客体确定与否决定着产权关系是否明确。《森林法》第3条规定:"森林、林木、林地的所有者和使用者的合法权益受法律保护,任何单位和个人不得侵犯。"国家林业部发布的《关于森林资源资产产权变动有关问题的规范意见》中明确规定:"根据现行森林资源资产管理水平及实际情况,本《意见》中涉及的森林资源资产主要是指森林、林木和林地资产。"由此可见，集体林产权客体包括森林、林木和林地。其中，林地作为森林的载体是最主要的林权客体，但是林地资源与附着于其上的林木资源密不可分，林地的价值也只有依靠林木才能体现，因此在考虑对产权客体行使权利时，不能将二者完全割裂开来。

（3）集体林产权内容

集体林产权是一个较为复杂的权利体系，是权利主体对森林、林木和林地依法享有的所有、使用、收益或者处分的权利，是一组以所有权为基础，以使用权为核心，由各种权利所组成的权利束。那么，集体林产权的内容具体包括以下四个方面：

a. 所有权。所有权往往被称为"绝对权"，是产权束中最完整、最重要的一种。它包含了产权主体对财产支配和利用的一切权能，具有绝对的排他性，是其他物权的"母权"。集体林所有权是指所有权主体把森林、林木、林地等资源作为其意志支配的领域而加以保持，排斥他人并得到社会公认的权利。

b. 使用权。使用权是产权束中非常重要的内容，是对特定财产加以实际利用的权利。集体林使用权是产权主体结合自身的意志和相应的规则，依法对森林、林木和林地加以利用的权利。

c. 收益权。集体林收益权是指产权者获取森林、林木和林地收益的权利，是集体林产权中的使用者和占有者基于集体林经营而获得经济收入的权利。主要的收益包括森林、林木和林地的天然孳息与法定孳息。

d. 处分权。集体林处分权是指产权行为主体在事实上或法律上对森林、林木和林地进行处置、决定其用途的权利。它是集体林所有权运行的表现形式，具体包括出售、赠与、租赁、抵押、继承等更次一级的权利。

2.集体林产权基本权能的法律规定

从经济学的角度来看,产权本质上是一组由所有权、使用权、收益权和处分权等基本权能所组成的权利束。经济产权是对客观存在的产权关系的反映,必须及时地获得法权的形式和法律上的认可与保护。我国林业的立法相对滞后,相关法律法规对集体林产权缺乏深入细致的规定。新中国成立以来,集体林产权制度调整较为频繁,有法不依、执法不严、以政策代替法律和地方政府违法违规问题比较突出。因此,有必要对我国集体林产权的相关法律政策进行梳理,对演进路程进行简单回顾,分析总结其发展路径,为进一步深化集体林权制度改革提供政策参考。

（1）集体林所有权

关于林业产权方面的法律目前还未形成统一规范的法律体系,而且对相关法律条文也缺乏深入细致的阐述。现行法律对集体林所有权的主体都有做出相应规定,但是不同法律规定在文字表述上存在一些差异。《宪法》第9条和《森林法》第3条均有规定:"森林资源属于国家所有,由法律规定属于集体所有的除外。"该规定只是简单地把所有权主体界定为集体所有,并未进一步规定集体林地的具体所有者,在《森林法实施条例》中也找不到更加细致、明确的规范。为此,《民法通则》第74条规定:"劳动群众集体组织的财产属于劳动群众集体。"《土地管理法》第2条也明确指出:"中华人民共和国实行土地的社会主义公有制,即全民所有制和劳动群众集体所有制。"这两个规定将集体土地所有权主体界定为"劳动群众集体",但是对其内涵和性质未做具体界定。《土地管理法》第8条进一步规定:"农村和城市郊区的土地,除由法律规定属于国家所有的以外,属于农民集体所有。"此时所有权主体的范围缩小为"农民集体",但是仍然没有进一步规定农民个体以什么方式享有集体所有权，而是规定由村民小组、村民委员会、乡村集体经济组织统一经营管理，极易造成对土地的侵占和寻租行为的发生。2007年颁布的《物权法》试图改变这种模棱两可的做法，该法第59条明文规定："农民集体所有的不动产和动产，属于本集体成员集体所有。"该规定将"农民集体所有"改为"本集体成员集体所有"，通过落实成员权来使所有权主体进一步明晰化，但是在看到立法进步的同时也应该注意到其在成员集体所有和成员权方面的规定仍有诸多有待于完善的具体问题，这些也是学者们后续应当重视的问题。

（2）集体林使用权

《森林法》明确规定，对国家或者集体所有的森林、林木和林地，公民、法人或者其他经济组织都可以通过承包、租赁、转让等形式依法取得使用权。家庭联产承包责任制度的实施开启了赋予农民个人一定限度权利的先河，确立了其在承包经营期限内享有的占有、利用、收益和有限处分的权利。因此，集体林使用权也可称为集体林承包经营权。1986年的《土地管理法》指出，集体或个人可根据承包经营合同的规定在其承包的土地上从事农、林、牧、渔等生产活动，同时明确土地承包经营权受法律保护，将承包经营权上升为法律赋权。《民法通则》第81条规定："公民、集体依法享有对集体所有的或者国家所有由集体使用的森林、山岭、草原、荒地、滩涂、水面的承包经营权，受法律保护。"这在民法上进一步明确了土地承包经营权的具体内容，但农民对村委会随时收回承包地的行为仍然只能通过上访或私力救济等手段来维护自己的承包权，维权效果甚微。直到2002年《农村土地承包法》实施以后，承包方才可以要求发包方按照承包合同来履行要求，并且可以在权益受到侵害时依靠司法手段追究发包方的违约责任。然而在司法实践中，承包经营权的权能并不完整，并没有明确规定其为物权，更多地是把它看作一种债权。《物权法》的颁布将森林资源的承包经营权定性为用益物权,使得农民在承包期内既可以按照自己的意愿占有、使用和处分承包经营权,避免发包方过多限制和随意收回,增强承包方在权利被侵犯时的抗辩性,为林农的合法权利提供更强有力的保护。此外,从承包权的期限来看,《土地承包法》第20条规定:"林地的承包期为三十年至七十年;特殊林木的林地承包期,经国务院林业行政主管部门批准可以延长。"2008年实行的《中共中央关于推进农村改革发展若干重大问题的决定》将土地承包经营期由"长期不变"变为"长久不变",进一步稳定了农民的土地承包经营权。

(3)集体林收益权

收益权是所有权的一项重要权能,是财产所有者、使用者合理利用财产并获取一定经济收益的权利。集体林收益权是农民作为林地使用者或林木所有者,直接或间接投入生产经营活动,并依据自己享有的相应权能而获得一定收益的一项重要的财产权利。在土地承包责任制之前的很长一段时间,土地的收益权在所有权的权能中并不凸显,农民更多关注如何获取土地的使用价值,而往往忽视其追求土地价值的权利,即收益权并未得到相应的重视。随着家庭联产承包责任制的普遍推行,农民作为集体土地的占有者和使用者,享有土地占有和使用所带来的收益。然而,城乡二元结构的出现导致农村集体土地所有权时常受到侵犯,农民在土地上的长期投资得不到相应的补偿,农民的征地收益权得不到完全保障。《物权法》第39条规定所有权主体对自己的不动产依法享有收益的权利。既然集体林地属于不动产,那么集体林地所有权主体理应依法享有获取集体林地收益的权利。十八届三中全会提出的《中国中央关于全面深化改革若干重大问题的决定》中明确指出要建立兼顾国家、集体、个人的土地增值收益分配机制,合理提高个人收益,保障农民享有充分的土地收益权。2014年十八届四中全会审议通过的《中共中央关于全面推进依法治国若干重大问题的决定》又进一步提出要赋予农民对集体资产收益的权利，建立集体土地增值收益分配机制，这使得农民集体土地的收益权不断完整，权益关系日臻完善。

（4）集体林处分权

集体林处分权是指集体经济组织或农民对集体林财产依法进行处置的权利，包括集体林财产的买卖、抵押、租赁、赠与、继承等更次一级的权利。我国《宪法》和《土地管理法》明确禁止任何单位或个人以买卖、侵占等形式非法转让土地，一律否定其集体土地处分权。但是现行相关政策文件中仍然出现"处分""转让""处置""出让"等字眼。1984年中央一号文件指出，农民可以自己寻找并协商土地转包的对象。2003年中共中央、国务院《关于加快林业发展的决定》中指出："国家鼓励森林、林木和林地使用权的合理流转，各种社会主体都可以通过承包、租赁、转让、拍卖、协商、划拨等形式参与流转。"可见，单一的否定集体土地处分权是不科学、不合理的做法。《物权法》颁布以后，集体土地处分权受到法律的认可，上升为法律赋权。依据《物权法》第39条规定，产权所有人有权对自己的动产或不动产进行处分，包括法律上的处分和事实上的处分。按照事实上的处分权能仅属于产权所有人的规定，农民的集体林地承包经营权作为一种用益物权并不具有事实上的处分权能，而仅仅享有一定的法律处分权能。2008年《中共中央、国务院关于全面推进集体林权制度改革的意见》中也明确提出："在不改变林地用途的前提下，林地承包经营权人可依法对拥有的林地承包经营权和林木所有权进行转包、出租、转让、入股、抵押或作为出资、合作条件，对其承包的林地、林木可以开发利用。"这说明集体林地承包经营权的抵押在相关政策性文件中已得到确认。但现行法律法规除了《森林法》对此稍有提及，其他均未涉及，更没有深入细致的阐述，这一定程度上也体现了法律设计的相对滞后性。

（三）集体林产权法律规范的缺陷分析

1. 集体林地所有权性质和主体模糊不清

《宪法》第十条和《土地管理法》第二条均明确规定农村土地归集体所有，《森林法》第三条也对此规定森林资源属于国家所有，由法律规定属于集体所有的除外。可见，相关法律基本上都认同农村土地所有权的权利主体为"农民集体"。但是这里存在三方面的问题：一是法律上对"集体所有"的性质并未明确规定，作为共同所有人的成员个体之间以什么方式享有集体所有权？是集体成员按份共有还是成员共同共有？目前国内多数学者支持集体所有权"总有"性质，但法律缺乏相应的论述，理论与实践脱节；二是对"集体"这一概念并无明确的法律界定，而且"集体"的层级即乡镇集体、行政村集体和村民小组集体之间的界限也不清楚，在土地权属上的法律界定比较模糊，从而导致集体土地所有权在事实上的虚置，进而造成当所有权主体的权益受到侵害时不清楚由谁来主张权利；三是《物权法》明确指出："农民集体所有的不动产和动产，属于本集体成员集体所有。"坚决取消村集体、村级组织对土地的一切调控权，这与之前立法相比在产权主体的确定性方面前进了一大步，但是立法技术上过于温和，似乎只是用"成员集体所有"代替了"农民集体所有"，并未对其内涵和性质做出界定，对集体成员的资格问题以及成员权受到侵害的救济制度缺乏相关的规定，对"总有"的法律性质表达得还不够清晰。

在经济学上，产权归根到底是产权主体根据自己的意志行使产权权能的一种行为性关系。产权主体行使财产权力和职能的行为是其获得利益的依据和保障。如果集体林产权缺乏清晰的主体，极易导致产权主体虚化，这样既不能有效地享有集体林所有权的权利内容，也容易产生相关组织或人员从中寻租、侵占林地等现象，造成不必要的产权纠纷，也无法使产权顺利地交易，不利于我国对集体林的保护和发展。同时，也会导致学术理论研究上不必要的争论以及林改实践中对林地承包经营权属于成员集体所有权的法律要求的理解与落实不到位等问题。

2. 林木所有权权能残缺

集体林权制度改革将林木的所有权落实到农户手里，使农民拥有林木的所有权。《森林法》第27条也指出："农村居民在房前屋后、自留地、自留山种植的林木，归个人所有。集体或者个人承包国家所有和集体所有的宜林荒山荒地造林的，承包后种植的林木归承包的集体或者个人所有。"可以看出，对农户无论是在国有还是集体林地上造的林，均实行"谁造谁有"的政策。然而，现实中农户对林木的所有权并不完善，表现在一是现行法律规定只是在大体上对所有者的范围进行界定，对所有权的内容和表现方式并未提及。《森林法》规定集体承包种植的林木归集体所有，但对"集体所有"的概念以及以什么方式共有界定模糊；二是林木归个人所有意味着所有者可以依法享有对林木的占有、使用、收益和处分的权利。农户对林木的收益和处分主要表现为砍伐和交易，这在我国受到诸如采伐限额、采伐许可及年度木材生产计划等制度的限制。《森林法》严格规定国家应按照用材林消耗量低于生长量的原则来控制森林年采伐量，并统一制定年度木材生产计划，要求必须按照采伐许可证的规定进行采伐。同时，由于林木的交易意味着对林地的占用，使得林木无法自由的买卖。这些将导致农户无法对自己承包的林木自由行使完全的收益权和处分权，从而导致其承包经营的积极性下降，进而不利于林权的流转。

3. 集体林产权边界划分不清

不同的产权之间必须有明确的界限，这不仅是针对不同产权主体的不同种类的财产而言，而且对于即将分离的同一财产的不同权利来说，也必须明晰化。集体林产权边界不清主要表现在两个方面：一方面是所有权自然权能边界模糊。长期以来，林业政策较为多变，南方集体林区先后经历了土地改革、合作化、林业"三定"等几次变革，导致产生林权证地权证与实际不符、林地四至边界不清、有证无林或有林有地无证等现象，"无证山"和"重证山"情况也时常发生，再加上林权证至今在全国没有统一的式样，这些情况势必会引起大量的林权争议和边界纠纷。另一方面是产权的社会权能界限模糊。新一轮集体林权制度改革将集体林地的承包经营权落实到本集体经济组织的农户手中，确立了农民对集体林地承包经营的主体地位。虽然林地所有权和使用权名义上发生分离，但是两者之间的边界以及各自的责权利并未在法律上界定清晰，极易造成农户林地使用权受到侵犯。而且，产权权能的行使将无法有效地进行，利益也无法实现，产权的交易也无法顺利进行。

4. 林地使用权不完整，"三权分离"缺乏法理支撑

集体林地的使用权是林地使用者在不损毁或不改变其性质的前提下按照林地的性能用途对林地所享有的占有、利用、收益和有限处分的权利。所有者和占有者既可以是一个主体，也可以是不同的主体。由于农村集体的土地支配权利空间过大，农民在实际中处于相对弱势地位，致使农村土地所有权侵蚀农户土地使用权的现象不可避免。集体林地缺乏明确稳定的产权所有人，

林地使用权的权能存在缺陷，农民所拥有的林地不是通过市场交易而来的，具有浓厚的行政色彩，难以保证产权主体具备平等地位，产权的责权利并不清晰。同时，虽然法律和政策文件均有明确规定林地的承包期限，但频繁的林地调整以及严格的林地使用审批程序加大了林地使用权的不稳定性，增加了农民的不安全感，而且目前林地使用权流转市场机制并不健全，林地使用权流转市场化、规范化、法制化比较欠缺。这些充分地表明了集体林地使用权行使的不完全性。

随着城镇化、工业化进程的加速，传统的集体所有权与农民承包经营权二元构造的权利结构已经无法满足农户林地承包经营权流转的现实需求，承包权和经营权正在悄然分离，形成集体所有权、承包权和经营权"三权分离"的格局。2013年年底中央农村工作会议提出"落实集体所有权、稳定农户承包权、放活土地经营权"之说法，承包经营权的分离在国家政策层面上得以确定；2014年中央一号文件也明确提出"允许承包土地的经营权向金融机构抵押融资"，这极大地肯定了经营权的物权性质，经营权的内容由当事人合同约定上升到国家赋权。承包权和经营权的分离，是保留原有的承包关系不变，将原承包经营权能和新赋予权能在多个主体之间进行再次分配的结果，经营权是从承包经营权中派生出的一种新的权利类型。"三权分离"的土地产权结构是在确保农民不失去承包土地的前提下，将分离后的经营权在更广阔的范围内流转，这极大地促进了土地资源的优化配置，推动了农业经营的规模化和专业化发展，揭开了我国农村"第三次土地改革"之大幕。

"三权分离"的产权思想显然已被经济学界、土地学界普遍接受，但是这一经济逻辑在法律上的逻辑表达始终缺位，表现在：首先，土地所有权和土地承包经营权是现实中的一种主观民事权利，而土地承包权仅仅是法律上的客观民事权利能力，不是一种实实在在的产权。土地经营权不是一种法定的民事权利，其权利的内涵无法界定，所有权、承包权和经营权三者不能并列使用。其次，将分离后的土地承包权认定为农民成员性质或身份性质的权利这一观点有失偏颇，在物权法之下，真正带有身份性或成员权性质的只有集体土地所有权。而承包经营权作为在农村土地所有权之上所设定的权利负担，并不必然由本集体经济组织的成员所获取。最后，根据物权理论，土地承包权的性质为用益物权，而土地经营权属于次生性的用益物权，同样具有稳定性和对抗性，这不符合物权法上的"一物一权"原则，即同一物上不能有两个以上内容相近的用益物权并存，这样的安排是人为地将法律关系复杂化，是一种立法技术的倒退。因此，应尽快确定分离后承包权和经营权的内涵及法律关系，抓紧修改相关法律，使原则性的国家政策上升为正式的法律制度。只有用法律语言对国家政策进行梳理，才能确保林地产权结构经济逻辑与法律逻辑之间的一致性，为深化集体林权制度改革提供法律支撑。

5. 林地收益分配制度不规范，农民的收益权难以实现

我国集体林地的收益分配制度不规范主要体现在：一是收益分配原则不明确。从实行家庭联产承包责任制开始，我国一直是按照"交够国家的、留足集体的、剩下都是自己的"分配原则，但该原则只是确定了国家、集体和农民收益分配的顺序，并没有确定三者之间收益分配的比例；二是林地税费负担较重。农民除了要缴纳国家税收之外，还要负担乡镇或村一级政府的统筹和提留。虽然近几年随着集体林权制度改革的不断推进，各地逐渐取消了农业特产税，逐步清理了一些林业税费，但是现有的林业税费、摊派和罚款仍然名目繁多，再加上地方林业部门征收的费用，林地经营者的利润非常微薄；三是森林生态效益补偿机制不完善。

收益权是集体所有权的权能之一，林地收益权是农村集体成员依法从林地经营中获取收益的权利，其主要表现为集体林地所有权发生变更时权利主体获得相应的补偿。《土地管理法》第2条明确规定："国家为了公共利益的需要，可以依法对土地实行征收或者征用并给予补偿。"这里隐含着两点：首先，对于何谓"公共利益"，我国现有相关法律都未对其给予明确的界定，征用土地的"公益性"被过分虚泛化，导致在实际操作中某些营利性的用地也打着"公益性"的幌子，现行法律对征地的权限和程序也没有明确规定，这就给政府和开发商征占农民的土地提供了一个很好的理由。其次，征地补偿标准偏低。根据《土地管理法》第47条规定，土地补偿费为该耕地被征收前3年平均产值的6倍至10倍。显然这种采用产值倍数法的"一刀切"的征地补偿做法并不合理，被征收人无法享有集体用地转为建设用地的土地市场增值部分，损害了农民对集体土地发展权的利益享有，不利于农民对土地的长期投资。而且从补偿的计算方式来看，并没有对所有权进行补偿，仅仅是对使用权和收益权的补偿。

6. 集体林地处分权受到诸多限制

土地处分权是指土地权利主体可以依法对土地进行处置的权利。目前，我国法律对集体林地的处分权设定较多限制，主要体现在：一是按照《森林法》的规定，无论是国有林地还是集体林地，均实行"谁造谁有"政策。但同时又规定，国家、集体和个人所有的林木在采伐时需申请采伐许可证，制定年森林采伐限额。如果是重点林区的年森林采伐限额，须由国务院林业主管部门审核后，报国务院批准。可见，集体林所有者的处分权受到一定程度的限制；二是《土地管理法》明确规定："国家和集体所有的土地使用权可以依法转让。"但同时又规定："农民集体所有的土地使用权不得出让、转让或者出租用于非农建设。"这些法律条文隐藏的要义是，农村集体土地使用权不能直接进入一级土地市场，而是必须经过国家的特许批租或者被征用为国有土地之后，才能进入土地交易市场，国家基本控制了集体土地出让的主导权和收益权；三是虽然《全面推进集体林权制度改革的意见》中明确指出林地承包经营权人可依法对拥有的林地承包经营权进行抵押，但是我国现有的相关法律法规对此并没有做明确规定。按照现行法律，农户对承包的林地只享有占有、使用和收益的权利，并没有处分权。《物权法》在担保物权的种类列举中也未出现林地承包经营权，可见其对林地承包经营权的抵押采取了禁止态度，林权抵押的法律尚未健全，不利于解决林业的资金需求问题，阻碍林业的规模化发展。

二、集体林法律规范冲突分析

当前，立法领域中地方保护、法律间冲突等现象日益显现，给我国法制建设带来了极大的危害。因此，解决法律冲突问题已成为人们普遍关注的焦点，也是我国迈向法治社会迫切需要解决的问题。尽管随着林业重要性的日益凸显，我国也相继制定了一系列法律法规来保障林业资源的发展，但是我国林业法律发展相对滞后，目前并没有形成系统的、统一的林业法律法规，关于林业方面的政策规定大多零星地分散在各个部门的法律之中，又因为集体林区频繁的政策更迭，使得原本界定不清的集体林产权一直处于动荡状态，导致我国集体林法律规范间的冲突在所难免，不利于集体林权制度改革的深入进行和生态文明的建设。鉴于此，本部分通过引入法律冲突的一般理论，并对集体林权制度改革中的林业法律法规之间的冲突进行详细分析和探讨，为集体林法律规范冲突的解决机制提供切实可行的政策建议。

(一)法律冲突的一般理论

法律冲突不仅是一种重要的法现象,也是法理学和其他部门法学研究的重要课题。传统的观点认为,法律冲突是国际私法领域的专有名词,特指两个或两个以上不同法域的民事法律对同一个民事关系的规定不同,但竞相要求适用于该民事关系,从而造成法律适用上的冲突。那么,同一个法域内是否存在法律冲突?答案是肯定的,而且该种法律冲突称为国内法律冲突。法律冲突和法律规范冲突是两种不同的范畴。法律与法律规范是整体和部分的关系,法律规范是构成法律的基本要素。本文阐述的法律冲突特指国内的法律规范冲突。

从法律位阶角度来看,法律冲突可分为上下冲突、前后冲突和左右冲突。上下冲突是指下位法与上位法对同一事项的规定不同而产生的冲突。前后冲突是指不同时期制定的法律规范对同一事项规定不同产生的冲突。左右冲突是指不同立法主体制定的同一位阶法律规范之间产生的冲突。这种分类方法最为常见,适用范围也最广泛。因此,下面重点阐述法律位阶理论的由来以及我国法律体系的位阶标准。

法律位阶是法律等级的形象说法,不仅是法理学研究的一个基本问题,而且是"上位法效力优于下位法"规则确立的理论基础和重要前提。目前法学界对法律位阶的概念界定仍存在诸多分歧,难以形成统一的认识。概括起来,主要有两种代表性观点:一种观点认为法律位阶就是法律的效力等级,即该观点将"法律规范等级体系"等同于"法律效力等级体系"。这是当前法学界的主流观点,被许多法学教材所采用。《中华人民共和国宪法》也在序言中提到:"本宪法以法律的形式确认了中国各族人民奋斗的成果,规定了国家的根本制度和根本任务,是国家的根本法,具有最高的法律效力。"该说法错误地将《宪法》在法律体系中等级地位最高理解为《宪法》具有最高的法律效力。众所周知,法律位阶侧重于各种法律规范在整个法律体系中的地位或位置,而法律效力则偏重于法律规范在具体适用中的实效。因此,法律位阶与法律效力并不属于同一范畴的种属关系,在逻辑上不能用法律效力解释法律位阶。另一种观点是法律位阶是在各种法律渊源中形成的一种法的效力等级体系,其主要功能在于确定统一的法律体系内不同类别的规范性法律文件之间的效力等级与适用顺序。通过法律位阶制度的确立,有助于明确各种法律渊源之间在事项调整上的权限范围,从而保障法律体系内部的和谐与统一。

法律位阶理论是由奥地利法学家梅尔克首先提出的,又称为"法律规范层级构造理论"。他认为,法律是一个由一些条件性规范和附条件规范组成的具有等级秩序的体系。条件性规范是指具有优先创建效力的能够创造其他规范文件的规范,而附条件性规范是指必须依赖其他规范才能生效的每一项规范。换句话说,法律的产生是由高级规范秩序通向低级规范秩序的一个动态变化的过程,进而形成法律秩序的"梯井结构"。随后,另一位奥地利法学家凯尔森继承并发展了梅尔克的法律位阶理论。他指出,法律制度是一个有层次的规范等级体系,其之所以有效力是由于一个法律规范是按照另一个法律规范决定的方式被创造,则后一个规范便成了前一个规范效力产生的理由。前一个法律规范是等级低的规范,而后一个规范就成为等级高的规范。

那么,法律位阶的概念该怎么界定呢?我国法律体系中法律位阶的标准是什么?法律位阶的功能是确定不同类型的规范性文件的效力等级与适用顺序,但是只有当不同位阶的法律之间发生冲突时,才需要运用法律位阶的标准来判定各自的法律效力,法律位阶制度适用的前提条件是法律之间存在冲突。因此，法律位阶制度不是研究法律之间效力大小的问题，而是在法律冲突时判定何者有效、何者无效问题的制度。综上所述，法律位阶制度是调整一国法律体系内不同类型规范性法律文件之间的冲突问题，而这种法律冲突是仅指发生在存在隶属关系的法律制定主体所制定的及适用不同程序所制定的法律之间的冲突，不包括其他法律冲突。根据"上位法优于下位法"的原则，结合法律相关规定，可以得出我国法律体系的位阶标准是：（1）宪法具有最高的法律位阶，其他一切法律、法规、条例不得与宪法相抵触；（2）法律的效力高于行政法规、地方性法规或其他规范性法律文件；（3）行政法规的效力高于地方性法规和规章条例；（4）地方性法规的效力高于部门规章、地方性政府规章；（5）省、自治区人民政府制定的规章的效力高于本行政区域内较大的市人民政府制定的规章；（6）部门规章之间、部门规章与地方政府规章之间具有同等效力，在各自的权限范围内施行。综上所述，法律位阶关系是一个多元复合的位阶制度，不同权力机关在立法权限上差异导致法律文件形成不同的位阶标准。通过对法律位阶标准的划分，使得法律位阶关系进一步明朗化，为填补法律空白地带和解决法律争议问题提供相应的参考标准。

（二）集体林改中林业法律规范的冲突分析

从1979年《森林法（试行）》颁布至今，我国的《森林法》已经走过了四十多年的历程。《森林法》的颁布实施，使得我国森林资源的保护从无法可依向严明执法的方向转变。但是随着市场经济的快速发展，《森林法》中的一些内容已经不能适应新形势的需要，严重阻碍了林业的发展，这表明我国林业制度迫切需要一场重大的变革。因此，为了实现森林资源增产和农民增收，中共中央、国务院于2003年6月25日出台了《关于加快林业发展的决定》，全面阐述了加快林业建设的迫切需要以及林业发展的指导思想、基本方针和主要任务，并提出优化林业结构、深化体制改革以及加强政策扶持等措施。随后，自2003年开始，以福建、江西等地作为试点省份，在全国范围内开展了大规模、轰轰烈烈的集体林权改革，并将集体林分山到户，由农户承包经营作为此次改革的主要模式。2008年6月《中共中央国务院关于全面推进集体林权制度改革的意见》的颁布，将集体林权制度改革的目标落到细处，标志着集体林改进入一个全新的发展阶段。《意见》明确提出在林改主体改革阶段要落实农户对林地的承包经营主体地位，在配套改革阶段要放活林地经营权。2016年国务院办公厅印发的《关于完善集体林权制度的意见》中指出，要通过进一步明晰产权、加强林权权益保护和加强合同规范化管理三个方面来稳定集体林地承包关系。可见，林地承包经营权是林权最主要的表现形式。因此，强化和稳定农户承包关系、赋予农户完整的林地使用权已经成为当前改革的重点问题。

在我国，对农村集体成员来说，其具有的土地利用关系的法权结构被规定为土地承包经营权。土地承包经营权是在集体土地所有权之上所设定的一种权利负担，是土地所有权与使用收益权分离时产生的一种独立财产权形态。2008年6月中共中央、国务院出台的《关于全面推进集体林权制度改革的意见》，将农村土地家庭承包责任制从农地延伸至林地领域，在我国南方集体林区掀起新一轮的集体林权改革。根据物权理论，集体林地承包经营权属于他物权中的一种新型用益物权。也就是说，集体林地用益物权人对其所承包的林地享有占有、使用和收益的权利，并具有依法处分的权利。具体包括以下权能：一是依法享有自主经营权。集体林地使用人有权依据自己的需求自主地选择经营的项目和树种；二是依法享有林木采伐权，保障集体林地使用人的收益权;三是依法享有集体林地承包经营的流转权;四是在征占用林地时,农户依法享有知情权、补偿权。

然而,现实中集体林地承包经营权并不稳定,由于时常出现行政性统一调地的现象,导致其物权性质在土地制度中被大量限制。因此,林权是一种不完整的物权,集体林地产权的安全性受到了很大的挑战,不利于林农对林地的长远投资。一方面,我国集体林具有财产属性,受《物权法》的约束;另一方面,林权客体具有资源属性,又受到《森林法》《土地管理法》等公法的调整,不是一种绝对意义上的私有产权,林权的行使要受到诸如采伐限额等行政许可制度以及公共利益的限制。由于法律、政策、法规的制定背景、目标和主体不同,致使学界对同一事项的规定有着不同的解释,其结果导致集体林改中关于林权的法律规定并不完全一致。因此,本部分将从林木所有权、林地承包经营权流转、公益林征用补偿权等方面来梳理法律与政策之间的内在联系和冲突,并分析冲突形成的原因,从而为冲突的解决提供一个初步的思路。

1. 林木所有权法律规范冲突分析

关于林木所有权的规定,散见于《宪法》《物权法》《森林法》和《森林法实施条例》等法律法规中。《宪法》第9条以及《物权法》第48条均指出,除了法律规定属于集体所有的以外,森林等自然资源属于国家所有,表明林木的所有权形式只能是国有或者集体所有。但是事实并非如此,集体林权制度改革将集体山林分山到户,农民成为集体林地的使用人和林木的所有人。《森林法》第27条明确规定:"农村居民在房前屋后、自留地、自留山种植的林木,归个人所有。集体或者个人承包国家所有和集体所有的宜林荒山荒地造林的,承包后种植的林木归承包的集体或者个人所有。"《物权法》第58条指出，集体所有的动产和不动产包括法律规定属于集体所有的土地和森林。但第59条又规定："农民集体所有的不动产和动产，属于本集体成员集体所有。"这说明集体成员或者个人是可以拥有林木所有权的。产权所有者通过向当地林业主管部门提出登记申请，并由县级人民政府登记发证，确认其林木所有权。

《物权法》第39条和《民法通则》第71条均提到，财产所有人可以对自己的财产依法享有占有、使用、收益和处分的权利。按照规定，个人对其拥有的林木依法享有收益权和处分权，换言之，个人具有砍伐和交易林木的自由。但是根据《森林法》《森林法实施条例》和《森林采伐更新管理办法》的相关规定，目前我国森林采伐管理还是受到年度木材生产计划、采伐限额、森林采伐方式及伐后更新等制度的约束。这显然与林权作为用益物权依法享有林木采伐权的精神是相违背的。按照《森林法实施条例》规定，个人所有的林木要以县为单位制定森林采伐限额，经县级人民政府审核后报国务院批准。如果采伐的林木进入商品市场交易，必须纳入国家年度木材生产计划。而且采伐时除了持有采伐许可证，个人还要提交采伐林木的地点、面积、树种、株数、蓄积量、更新时间等内容的文件。依据《森林采伐更新管理办法》，森林采伐不仅要实行合理限额采伐，还要及时更新采伐迹地，恢复和扩大森林资源，充分发挥森林的生态效益。个人在采伐林木后的当年或者次年内必须按照相应的更新方法完成更新造林任务。以上种种规定表明，采伐限额和采伐许可制度是计划经济时代的产物，采伐何种林木以及采伐多少均是由林业行政部门决定的。也就是说，我国森林采伐许可权牢牢控制在政府手中。而且，现实中森林采伐指标的分配并非是公平合理的，而是掺杂着一定的权力和人情因素。这些采伐权的限制在一定程度对森林资源起到了保护的作用，但导致产权主体对财产的处分权无法得到实现，侵害了林业经营者的利益。

2. 林地承包经营权流转法律规范冲突分析

林地使用权流转是实现经营者处分权的重要途径。为了促进林业的发展，国家对林地投资和流转的态度是鼓励的。《森林法》中指出，集体林地使用权是可以依法进行流转的，前提条件是不得将林地改为非林地。但是《森林法》对此也只是作了简单的原则性规定，缺乏深入细致的阐述。针对该问题，中央和地方制定了相应的规范，主要体现在一些中央政策和部门规章之中。《中共中央国务院关于加快林业发展的决定》中指出："国家鼓励和加快推进森林、林木和林地使用权的合理流转，各种社会主体都可通过承包、租赁、转让、拍卖、协商、划拨等形式参与流转。"《中共中央国务院关于全面推进集体林权制度改革的意见》中进一步提到："在不改变林地用途的前提下，林地承包经营权人可依法对拥有的林地承包经营权和林木所有权进行转包、出租、转让、入股、抵押或者作为出资、合作条件，对其承包的林地林木可依法开采利用。"《国家林业局关于切实加强集体林权流转管理工作的意见》更是从加强引导、维护秩序和建立机制等方面对集体林权流转进行集中深入的阐述。可见，林地承包经营权流转在政策性文件中已得到确认，但是现有林业法律法规对此持有不同意见。《物权法》第180条中关于可以抵押的财产种类并不包括林地承包经营权。按照"物权法定"原则，物权法未作规定的权利内容，应当视为法律禁止所为。因此，物权法对农户承包的林地使用权抵押采取了禁止的态度。此外，《物权法》和《农村土地承包法》均指出，除法律规定可以抵押的以外，自留地和自留山等集体所有的土地使用权不得抵押。

我国森林法律法规、政策制度以及部门规章的数量种类繁多，目前已形成了一个庞大的法律法规体系。由于这些法律、规章、政策的立法时间、立法背景以及立法部门等方面不同,彼此之间难免有一些冲突和出入。原因在于:首先,立法时间不同。《森林法》于1979年试行,于1984年正式颁布实施。而现行《宪法》颁布于1982年,直到1988年才第一次修订,并提出土地使用权可以依照法律规定进行转让。这说明在《森林法》正式出台时《宪法》还未对土地使用权转让做出明确规定。其次,立法背景不同。《森林法》以及一些林业部门的政策规章都产生于20世纪80年代,是计划经济时代的产物,缺乏相应的前瞻性眼光,难以适应时代发展的需要。而2007年出台的《物权法》和2003年实施的《农村土地承包法》产生于市场经济时代,具有私权性质和私法色彩。因此,按照上位法优于下位法原则,《物权法》《土地管理法》《森林法》等林业法律优先于《决定》《意见》《森林采伐更新管理办法》等中央政策或部门规章适用;按照特别法优于普通法的原则,《森林法》及《森林法实施条例》应当优先于《物权法》和《农村土地承包法》适用;按照新法优于旧法原则,《物权法》和《农村土地承包法》应该优先于《森林法》及《森林法实施条例》适用。因此,当发生法律冲突时应从冲突形成的原因以及冲突适用规则入手分析影响冲突的内在因素,并提出相应的解决办法。

3. 公益林征用补偿法律规范冲突分析

根据物权理论,所有权人对自己的动产或不动产依法享有占有、使用、收益和处分的权利。农民作为林地的使用者,在征地时理应享有知情权和获得补偿权。关于补偿权,《宪法》第10条和《土地管理法》第2条均规定:"国家为了公共利益的需要,可以依照法律对土地实行征收或者征用并给予补偿。"《森林法》第23条指出:"征用、占用林地应当按照市人民政府有关规定支付林地补偿费、林木补偿费和人员的安置补助费。"对知情权,《土地管理法》第 48 条明确规定:"征地补偿安置方案确定后,有关地方人民政府应当公告,并听取被征地的农村集体经济组织和农民的意见。"2002 年国土资源部施行的《征用土地公告办法》第 3 条指出:"征收农民集体所有土地的,征收土地方案和征地补偿、安置方案应当在被征收土地所在地的村、组内以书面形式公告。"因此,征地补偿费是林地使用权市场价值的体现,补偿的方案和费用应该由双方共同协商决定,尊重林木所有者和林地使用者的自主权。

然而,现行生态公益林的补偿办法与这一理念是相违背的。《森林法》及《森林法实施条例》对森林生态效益补偿办法的规定也是模糊不清、模棱两可的。《森林法》第 41 条规定:"建立森林生态补偿基金,用于公益林的森林资源、林木营造、抚育、保护和管理。森林生态效益补偿基金必须专款专用,不得挪作他用。"《森林法实施条例》第 15 条指出:"防护林和特种用途林的经营者,有获得森林生态效益补偿的权利。"可见,相关法律法规既没有说清楚生态效益补偿基金的来源,也没有明确规定补偿基金的用途以及补偿的标准。直到 2004 年财政部、国家林业局出台的《中央财政森林生态效益补偿基金管理办法》第 2 条指出:"中央财政补偿基金是森林生态效益补偿基金的重要来源,用于重点公益林的营造、抚育、保护和管理。"第 4 条又规定,中央财政补偿基金平均标准为每年每亩 5 元,其中管护补助支出为 4.75 元,公共管护支出为 0.25 元。这样的补偿标准与林地使用权的市场价值相差甚远,使得生态公益林的"有偿征用"沦为空谈。因此,将集体、个人的森林、林木划为公益林,尽管名义上不改变农民的所有权,但实质上影响农民的收益权,剥夺了林业经营者应有的知情权和补偿权。

三、本章小结

在上一章研究总体框架的基础上，本章首先从产权经济学角度出发，从理论上分析完备的集体林产权应有的产权结构和基本权能。同时，针对集体林产权实际情况，指出当前集体林产权权能仍存在所有权主体界定模糊不清、产权边界划分不清、使用权不完整、收益权难以实现以及处分权受到诸多限制等缺陷，这是目前我国集体林产权界定所面临的困境。其次，从《物权法》《土地管理法》《森林法》及主要集体林制度出发，从法经济学角度研究分析《物权法》《土地管理法》与《森林法》与主要集体林制度规定的法律之间的内在联系和冲突，本部分将从林木所有权、林地承包经营权流转、公益林征用补偿权等方面来梳理法律与政策之间的内在联系和冲突，并进一步分析冲突形成的原因，从而为冲突的解决和制度的完善提供一个初步的思路。

第六章　集体林法律产权与事实产权的差异性分析

集体林产权的法律界定及产权实践历来是学者们关注的重要议题。目前学者们对集体林法律产权与事实产权差异方面的研究主要围绕林权纠纷的原因、调处机制的构建等方面展开探讨，但这些研究更多是微观层面的个案性分析，学理层面上的研究相对缺乏。政府对集体林权制度安排的过度干预是林权纠纷产生的外在因素，而集体林权制度安排的缺陷是产生林权纠纷的内在因素。一旦发生产权矛盾和纠纷，人们往往援引不同时期的政策法规来说明自己的"正确"。于是，纠纷的处理与规则的选择过程变成了一种政治博弈过程，而不是典型意义上的法律过程，它遵循的是利益政治逻辑。因此，通过选取一些典型的集体林权纠纷案例进行研究，探究如下问题：与农村集体林实践相比，国家的正式制度建设是否存在明显的滞后性？集体林国家政策制定与地方政策执行之间是否存在偏差？如果存在偏差，农户的产权主体地位在实践中如何表达？在产权公共领域理论框架下，集体林地征占用法律与事实差异形成的原因是什么？未来变革的方向应该怎样？回答这些问题，将是本部分集中探讨的主题。

本研究案例是笔者于2017年7月率10名调查员历经10天调查所得，案例来自福建省和湖南省的若干县、市，采用入户访谈和结构化调查相结合的方法，对每一类历史遗留林权冲突的背景、事件经过以及产生的原因进行分析，并尽可能将本文观点和逻辑推广到一般化场合。

一、集体林权法律规范与地方非正式制度的冲突分析

自建国以来，我国集体林产权制度经历了一系列的变革。从最初的土改时期到合作化，再到后来的高级社、人民公社、林业"三定"，乃至现在的林权制度改革，这些不同时期的变革对农户现行林权制度的理解和认知产生了深刻的影响。基于传统的产权经历以及长期的产权实践，农户内心已构建起一套完整的集体林产权地方性习俗和认知。任何可能会打破这种认知和观念的制度变革，都将引起一系列冲突和纠纷。长期的林改实践表明，集体林权制度改革既要考虑到林业本身的特定属性，也要兼顾不同时期的产权变革以及农户对林地利用的传统认知。虽然不少学者宣称要从经济学、政治学、社会学、法学等多学科、多角度对集体林权制度改革进行研究，但是目前真正能把多学科融合起来的研究并不多见，而且论者并未考虑林改落地实践的复杂性，缺乏一定的地方性视野和角度，更多是关于正式的林权制度方面的研究，而对地方社区的非正式林权制度以及地方性传统习俗研究较少。因此，笔者尝试通过对一些集体林改中出现的典型案例剖析，揭示集体林法律产权与地方非正式制度差异的事实，并进一步探讨农村集体林产权实践的可能演变路径。

（一）集体林法律规范与地方非正式制度冲突：理论分析

科斯揭示了产权的法律初始界定对市场交易的重要意义，但国家法律产权结构与现实中的产权结构未必一致，法律上的产权和事实上的产权存在着

一定程度的差别，并且由于交易费用为正，使得两者的界定并不充分。即便是在法律体系日益完善的今天，任何国家仍然有许多客观存在的产权关系没有及时得到法律认可和保护，法律所规定的权利在实际经济生活中往往不能完全实现。原因有两方面：一是某些产权关系一旦形成，会被社会所认同自觉形成一种秩序，依靠人们的观念或习惯就得以维持，无须上升为法律产权；二是法律产权和客观事实产权都是动态的、发展的，但是相对于事实产权变动，法律上的调整总是滞后的，在一定时点上总有部分事实产权没有上升到法律产权。当事实产权没有受到相应的法律认可和保护时，就会造成法律规则的不确定性和不一致性，由此引发大量的产权冲突，也为产权主体的相机抉择提供了机会。

新制度经济学认为，制度由正式制度和非正式制度构成，正式制度包括法律、政策以及人们之间的契约，而非正式制度是人们在长期生产与生活中逐步形成的不成文的知识和行为规范。虽然随着国家正式的产权制度日益完善，非正式制度的作用空间在逐渐缩小，但这并不意味着可以忽略非正式制度的重要作用。与正式制度相比，非正式制度更具持久性和潜移默化的功能。内含于传统习俗和文化环境中的非正式制度是正式制度演化的重要推动力，对正式制度的理解离不开对非正式制度的考察。如果两者配合得好，非正式制度可以帮助正式制度实现其制度目标，避免或减少正式制度的外部性，提高实现效率；反之，非正式制度会成为正式制度实施的障碍。宗教信仰和村规民俗两种极具宗教和地方特色的非正式制度在村级非正式治理中扮演重要的"治理者"角色，是事实和感知土地产权安全的重要型塑力量。

2008年6月，中共中央、国务院制定出台的《关于全面推进集体林权制度改革的意见》标志着农村新集体林权制度改革在全国范围内的全面推广实施。虽然截至目前，全国大部分地区声称已完成"明晰产权"的任务，但在近几年的实地调查研究中发现，国家正式的林权制度改革设计与村庄社区沿袭至今的非正式林权制度并不吻合，由此导致的产权博弈引发了大量的林权纠纷。内生于村规民俗的村级非正式自主治理与国家赋权形成目标冲突，是事实产权不安全的重要根源。在正式产权制度体系健全的环境中，与土地利用权利方面有关的法律法规往往能够被有效执行，人们对正式制度在保护土地利用权利方面的作用比较信任，因而这三种土地产权安全水平均比较高，三者之间紧密关联，这在发达国家较为常见。在发展中国家，由于正式制度体系不健全，法律法规执行不足，故而法律产权安全水平不高，土地利用权利更多地受地方民约和土地利用传统等非正式制度约束的影响。

（二）集体林法律产权与地方传统习俗的博弈和冲突

1. 福建省 PN 县 XL 乡 QT 村的祖宗山纠纷

（1）PN 县 XL 乡 QT 村祖宗山纠纷情况介绍

2012 年 1 月 10 日，PN 县人民政府作出屏政林证字（2012）第 00003 号林权证（以下简称 3 号《林权证》）并颁发，将 PN 县 XL 乡 QT 村上池林地的使用权确认为林飞、吴积苏、苏枝福、林育苗、林枝属、林育猛六户联户发证，该 3 号《林权证》"注记"一项有记录载明：宗地编号 0102，家庭承包。共六户联户发证，林权非共有。

2013 年 11 月该 3 号《林权证》记载的 QT 村上池林地和林木权利人林育苗因病去世，之后该山场由户主林有内负责管业。林有内因儿子患重病急需用钱，于 2013 年 11 月 23 日把 3 号《林权证》确认的坐落在 PN 县 XL 乡 QT 村上池林地山场的杉木、松木卖给 PN 县 PC 乡的张长义、张仁理，双方签订了一份《山场杉木、松木出卖协议》,该协议订立生效后,林有内通过村集体已经依法申请获得批准并取得林木砍伐许可证。但是,在准备依法砍伐时,权利人之一苏枝福得知此事后以林权证为凭主张其在该山场享有林木所有权,并到山场强行阻止林有内和买受人依法采伐林木。导致申请人林有内无法履行《山场杉木、松木出卖协议》约定的义务,由此,买受人中止采伐并要求申请人林有内排除妨碍。两人交涉并经村民委员会多次调解无果,最终致使林木砍伐许可证过期无效。

PN 县 XL 乡 QT 村属于革命老区,从解放前开始,除土改时被没收充归集体的地主山场以外,所有少量的小面积山场都归个人永久管业并延续至今。申请人林有内认为苏枝福的主张是不符事实且无理的。理由是,苏枝福没有合法权源证据能证明其享有上池林地使用权和林木所有权。客观上该林地林木自解放前至今都是由申请人一家在管护,林有内与苏枝福的祖辈林钟钰(系苏枝福的祖父)、林钟鲁(申请人之父)、林钟盛(申请人的叔叔)系三兄弟。三兄弟在解放前即公元 1947 年 3 月已经对上辈祖传的山场林地使用权和林木所有权进行了明确的财产析产分割。该析产分割有历史契约阄书为凭据。本案申请人主张的前塘村上池林地使用权和林木所有权是由申请人父亲林钟鲁管业。因此,申请人林有内认为被申请人苏枝福的强行妨碍行为已造成申请人及其买受人巨大经济损失,已构成民事侵权行为及后果。

(2)祖宗山纠纷微观发生机制分析

透过案例发现,祖宗山纠纷通常是由于原有祖宗山的产权安排与集体林改后新的产权安排不同而引发的冲突。正如上述案例反映的,QT 村村民个人山场林地使用权和林木所有权实际上是在国家宪法和法律规定的集体所有制框架下延续个人族群祖宗山继承分家析产的方式方法而进行永久连续管业的。

这种分配方式保证了山林产权的相对稳定性，村庄内部村民之间遵循以和为贵，相互谦让的处世逻辑，村民之间关系和谐，邻里和睦相处。然而，按照现行《森林法》或林权证的规定，这些林地应该属于集体所有，而且村集体往往会把这个土地以集体的名义转包给国有林场，该行为很快便遭到了很多村民特别是老人的反对和否认。长期以来，宗族山林所赋予的"老祖宗的东西不能丢"这一信念早已逐渐在村庄中形成。村民认为，老祖宗留下的山林是不能转给外人的，于是，他们会凭借以前的土地证或契约要求收回该片山场的经营权。在调解的过程中，当地政府一开始会以这些村民不是村委会成员没有法人资格为由拒绝他们的诉求，林业部门也会请村里面比较有威望的能人在中间做一些调解。

2. 湖南省 T 县 SX 村的"管老业"方式引发的纠纷

（1）T 县 SX 村纠纷基本概况

20 世纪 80 年代，湖南 T 县 SX 村仍按照"管老业"的形式来划分山林，完全剥夺了迁入者获取集体林地的权利，将所有生产大队或生产队的林地重新没收后按照土地改革时期划分的情况分给农户。这样的做法遭到了该村十多户外迁人员的强烈反对，于是双方产生了矛盾。外迁人员认为，根据新一轮林改的相关规定，这种"管老业"方式显然违背了国家正式的法律政策，方案本身不具有合法性，因此，他们要求村里必须重新召开村民代表大会对林改方案进行调整，重视迁入者的集体成员权，要求换发新林权证。经政府调解后，该村村民仍坚持按照"管老业"的方式分山，出于让步，仅划分一点点自留山给这 10 多户外来村民，但拒绝分给他们更多的山林。于是，这十几户村民又持续上访但因双方矛盾太大都调解无果，导致该村的分山工作无法开展下去，至今仍未发林权证。

（2）T县SX村纠纷微观发生机制分析及拓展

"管老业"是林业"三定"时期湖南省部分地区的农民约定俗成的一种划分山林的做法。按照"管老业"的方式，解放后从外地迁入本地的村民将不能予以分山。对于是否给外来村民分山，不同地区的做法不一样。一些地区并没有将外来者与本村村民区别对待，认为迁入者仍然具有集体化时期的集体成员资格，理应分得应有的山林。但有些地区的做法是把立地条件较差的山场划分给了外来村民，还有一些地区则按照"管老业"的方式将生产大队的所有山场重新没收并按照土地改革时期划分的情况分给农户，这一做法完全剥夺了迁入者对山林的承包经营权，从而引起法律意识较强的迁入者与其他村民之间为争取山地而产生纠纷。而且，一方面，随着社会的发展，迁入者对村集体关于林业法律方面的规定有了更多了解；另一方面，实行新一轮集体林权制度改革后，新林权证成为农户从事林业生产经营活动的唯一合法凭证，加上林改方案必须经过召开村民代表大会通过才能决定，这为迁入者重新争取林权创造最佳机会，而且在一定程度上弱化了"管老业"的产权界定的有效性。

通过案例我们可以看出，虽然多数村民心里清楚"管老业"的习俗产权界定方式显然违背了集体产权实践的法定原则，方案本身也不具有合法性，但仍然能够得到当地村民的广泛支持。这说明在传统封闭的集体林区里，仍然潜藏着一种更为久远的习惯产权意识，这种世代祖传的产权界定方式如此根深蒂固以致时至今日仍然被多数村民所遵循。南方集体林区信息较为闭塞，当地农民具有较为丰富的经营林业的本土化经验，其中包含不少高效成熟的产权界定与保护的知识与规则，这使得森林产权主要受乡规民约的制约。从集体林权冲突的实践来看，集体林权冲突主体抗争的手段并不一定都是依据国家的法律法规，也可能是依据"地方性知识"，即农民心中的"理"，这种"理"可能是与国家的法律相违背，却被农民群体所广泛接受。毋庸置疑，市场经济体制渗透到社区村庄已经是不可逆转的发展趋势，因此正式的产权制度与村庄沿袭下来的习惯产权制度发生碰撞和冲突也不可避免。

（三）集体林法律产权与地方传统认知的博弈和冲突

1. YX 县 XW 乡 HS 村与 BY 村林木林地权属纠纷

（1）争议山场概况

YX 县 XW 乡 HS 村与 BY 村争议的山场位于两村的交界处，面积为 392 亩，主要树种为马尾松和杉木，林木大小不均，系人工林和少部分天然林。1982 年，县林业"三定"工作组、乡公社管委会、林业站再次牵头协调，于 12 月 28 日签订了 HS 大队、BY 大队《山林权属协议书》，明确了双方按调解后山场归属进行管理，确定双方山林权属界线。因协议未附权属界线图，2005 年起双方各执一词，产生争议，双方均主张对争议山场拥有权属。

（2）争议起因与纠纷处理情况

该争议从 2006 年 10 月开始到立案前，县政府林业办曾多次派员并会同当地政府和部门，对争议情况进行调查，组织双方协商调解，但由于双方分歧较大，都未能达成协议。2009 年 8 月 17 日和 11 月 9 日期间，应 BY 村诉求，县政府因 BY 村持有该山场 1983 年林业"三定"林权证，故以 HS 村申请林权登记发证时提供的主要权利依据有误为由，分别撤销了 HS 村在该山场的两项林权登记，注销了新式《林权证》。随后于 2010 年 2 月 24 日，HS 村向林权办提出处理这起林木、林地权属争议申请，3 月 1 日报经县政府批准正式立案受理。经调查核实发现，HS 村提交的 1982 年签订的《山林权属协议书》是原协议复印件，真实可信。同时 HS 村还提交 1989 年 7 月两村签订的土地权属界线协议书及附图，附有双方法人代表签字、单位盖章，真实可信。而 BY 村提交的 1983 年的林权证虽然真实可信，但该证作为 HS 村要求撤销的对象，形成于《行政诉讼法》实施前，属效力待定且应由政府核实认定的材料，不作为 BY 村权属主张的证据。而且该村提交的"三定"图是"三定"林权证的补证材料，因"三定"林权证的效力待定而不予采纳。综上，HS 村主张的林木林地权属界线符合《山林权属协议书》意愿，而 BY 村持有的"三定"林权证对该山场权属记载背离这一事实，应认定为错发。但因 BY 村在该林地权属界边越界造林约 20 亩，这一事实也得到 HS 村承认，故该林木所有权应归 BY 村所有。

（3）林权纠纷微观发生机制分析

该案例是属于因历史权属不清而引发的村集体之间的林权冲突。这类纠纷的形成是地方政府、村集体与农民个体在长期林业经营管理中反复博弈、利益重新构建的过程。正如案例所提到，由于国家林业法律政策的多变性以及制度建设的滞后性，给当地政府及林业部门调处林权纠纷带来了很大的困难。针对这种情况，地方政府一般会以不同法规颁发的时间作为林权纠纷调处的适用时间。在双方协商未果的情况下，司法救济就成为解决农户纠纷的重要途径。当地法院对于有合法协议的林权纠纷，直接按照协议判决；对证据不足或无证据证明的纠纷，则由地方政府或林业部门根据相关政策处理。

透过案例发现，一系列集体林权制度变革特别是土改时期、林业"三定"阶段对农户的集体林权观产生了直接的影响。这一点在本案例以及其他类似的纠纷中充分体现。林改期间，YJX 村村民以提供的"三定"期间的证明材料为由，要求林业部门对其 1978 年所造的山林确权发证，而村委会却认为该山林为村耕山队所造，权属应归村集体所有，双方各执一词而引发了林权纠纷。2011年，湘南NL村和BL村因一块200亩的林地产生纠纷，NL村提供的是合法的林权证，坚决要求法院按照相关程序办事，而BL村提供了一份清朝传下来的土地证明。在BL村民的意识里，老祖宗传下来的东西最具权威，足以证明这片林地是他们的。这说明多年的集体林产权实践已在农户心目中构建起一套与林地问题有关的传统习俗和认知。任何可能会打破这种认知的产权变革，必然会引发一系列矛盾和冲突。国家自上而下的宏观林地制度变革和乡村中原有的知识积累很容易发生种种的交融、碰撞与冲突，许多林权矛盾和纠纷也因此而生。因此，分析历史遗留的林权纠纷问题不仅有助于理解现实林业产权结构的形成机理，而且有利于进一步明确集体林权制度改革的现实起点。集体林权制度改革成功与否在于各类产权主体在利益不断博弈的过程中能否维系良性运作的动态发展模式，并逐步建立健全农户自主参与的民主自治机制。

2.NJ县LS镇山林纠纷

（1）LS镇山林纠纷基本概况

2010年7月20日，NJ县处纠办收到县纪委书记的批示：申请人WXR反映，其公公WHS留下的自留山被XS村CJD侵占，要求归还自留山及追究CJD的责任。申请人WXR的公公WHS为LS镇XS村人，一生没有生育，收养CRZ（WXR的丈夫）以养老，CRZ夫妇为WHS两老养老送终，后因生活的需要回到出生地LS镇YP村（与XS村是邻村）。WHS的自留山在XS村HZ山。2013年4月，WXR在该自留山耕作，准备种植绿化苗时，被CJD制止，并称该林地为其所有，从而引发权属纠纷。经调查，CJD无法提供有效的依据来证明该林地为其所有，只是认为WXR为YP村人，非本集体组织中的成员，不能享有自留山的使用权。后经调解，CJD 同意将所占的 HZ 山林地归还 WXR。

（2）LS 镇山林纠纷案例分析及拓展

本案例围绕的焦点问题是非本集体组织成员能否继承自留山的使用权。根据自留山的政策规定，自留山归农户长期使用，不准出租、出卖；自留山上的林木和各种林副产品永远归个人所有，允许继承。也就是说，自留山种植的林木可以继承，而林地的使用权是否可以继承存在疑义。由于林木和林地是不可分割的，林权可以继承，林木没有处理完全时，实际上就在行使林地使用权，从某种意义上讲，在继承林木所有权的同时也就继承了林地的使用权。由于国家现行法律和政策对于划分给农户自留山的使用权能否继承没有禁止性规定，而且相关法律对自留山继承没有明确具体主体，因此，对自留山使用权的继承既可以是集体组织中的成员，也可以是非本集体组织中的成员。从民法的角度看，法律法规和政策没有禁止的规定，也没有违反民法基本原则的民事行为，应受到法律的保护。因此，本案申请人属非本村村民，其公公死亡之后，可以依照《继承法》相关规定，继承其自留山的使用权，应予以支持。

类似的案例多见于林业经济比较发达的地区。尽管林业政策允许并鼓励各种经营主体通过市场化竞争的方式参与集体林地的承包经营，但现实中很多地方的村民担心村庄受到外部政策、资本和信息等因素的侵扰，从而导致村民失地失山，林改的"果实"落入"外人"之手。因此，村民内心拥有一套不成文的约定，即不允许村庄外部人员参与本村集体林地的承包经营。导致这类纠纷的原因主要是现有林业法律政策与地方传统认知和理论之间的碰撞和冲突，而传统的林地利用规则是基于当地多年积累的地方性传统和知识，其"科学性"在某种程度上甚至优于现代科学技术,对当地各种林权纠纷和问题的解决起到了重要作用。如果政策制定者不了解甚至忽视这些传统因素,很可能会破坏村庄现有的权威结构和治理机制,最终产生"产权失灵"的局面。这类纠纷现象充分显示,村级林权制度实践是国家正式法律制度与村庄固有的非正式制度(包括宗教信仰、村规民约等)之间博弈的交汇点。可是现有的林改政策既不能把地方性的传统认知合理充分地吸纳进来,也不能一味地将它们排除在外。因此,能否在看似混乱的林改实践中找到一个共同的产权规则将是检验林改成效的一个关键问题。

二、集体林产权法律政策与地方产权实践的差异分析

长期以来,中国集体林所依据的法律大多是以耕地为范本设计的农村集体林地产权制度,这就忽略了林业生态性、林地商品性以及林木长周期性等与农地具有本质差异的事实。虽然集体林地在产权属性上与农地一样,均属于农民集体所有。但是,集体林地的生产和利用具有经济、社会和生态等多方面的效益,在林地的管理上也与耕地截然不同。2003年在全国启动实施了新一轮农村集体林权制度改革,其目的是效仿土地承包责任制改革成功路径,以实现"分山到户",进一步明晰林地法律产权,激发农民林业生产经营的积极性。但是,现行国家赋权政策的执行与实际农户的产权现状存在很大差异,尽管法律上已明确规定我国集体林产权的归属,但实际上产权并不一定是按照法律界定的,而可能是在法律之外形成了实际规则。

众所周知,文本形态或政府话语体系下的公共政策转化为现实形态的政策目标的过程并不是一个直线的过程,政策目标从中央到地方往往经历政策细化或再规划的过程。由于政策的制定到政策的执行之间存在着层级距离,

导致政策目标在传递过程中容易产生一定的扭曲和偏差。集体林权制度改革是涉及多个政策部门、多方利益主体的一项全国性的重大公共政策。因此，集体林改政策从国家宏观层面落实到地方治理的场域是一个不同政策部门、不同利益主体之间相互博弈的过程。随着"三权分离"理念的提出，集体经济所有权和承包经营权的分离致使集体产权制度实践的经济基础产生了很大的改变，不能完全沿用传统的"集体产权"理念来解析当前的农村集体产权实践规则，应该更多地考虑将以村干部为产权实践主体的村庄作为研究农村集体产权的主要实践场域。鉴于此，本部分立足于村庄产权视角，通过对一些典型案例进行分析，展现集体林法律政策与地方产权实践的差异性图景，以期林改政策能够真正"落地"，进而减少政策执行的偏差，促使政策更加有效地执行。

（一）集体林法律规定与村庄产权实践的博弈和冲突

1. 案例基本概况

福建省 S 县 X 村是该县的林业大村。依据《森林法》或《农村土地承包法》的相关规定，林权证是由县级以上地方人民政府或国务院林业主管部门按照有关程序对国家或集体所有的森林、林木和林地以及个人所有的林木和使用的林地进行确认，并登记造册而发放的证书。换句话说，农户拥有林权证就代表其拥有林木所有权和林地使用权。但是集体林权制度改革之后，X 村集体林实行"均山到组，均权均利到户"小组经营的方式，即该村仅对村里的集体林明晰产权，给每户农民确权发证，但全村的林地及林木仍由村小组统一经营，这就导致部分村民对自家分到的林地产权安全感知低下。在该村部分村民看来，如果由村小组经营，村民无法真正知晓林地使用权和林木所有权带来的经济效益，村里的林地使用权和林木所有权实际上仍归村小组拥有。

2. 林权冲突微观发生机制分析

这个案例揭示了一个基本事实，当前我国村级集体山林产权名义上本该属于全村村民共同拥有，集体山林的经营决策权理应由全体村民代表大会决定，但实际上经常是由各级政府、林业部门或"村两委"决定村集体林的产权安排。因此，各级政府、林业部门的偏好会影响或干预村集体林产权安排，有些地方这种影响或干预的作用很大。也就是说，当前集体林产权实践面临的突出问题是农户的法定产权权利不断被各种外部力量所侵蚀。

集体林权制度改革取得了一定的成效，使得农村集体经济组织在林改决策中的地位受到了更大的重视，在村级自主治理中扮演重要的"治理者"角色。由于不同村的自然条件、经济社会条件和村级民主政治的发育程度不尽相同，因此所形成的产权安排也各有差别。由于集体林改所涉及的利益关系错综复杂，加上各个村的实际情况和村民的想法各异，如果采取"一刀切"的方法是行不通的，因此，林改政策执行过程中应该根据各村的实际情况，充分尊重民主意愿，实行"一村一策"，并按照《村民委员会组织法》的民主议定原则由村民自主决定本村的林改方案。

此外，由于我国公共政策设计不全，给村级非正式自主治理留下任意性和自主性空间，这就导致现行国家赋权政策的执行与农户实际的产权现状存在很大差异，进而引致实际和感知产权不安全。事实上，早期的研究也发现，集体产权的实践主体即国家、集体和农户在产权权能利益界定的规则上存在模糊性，这可能会导致在具体实践中相互制约。正如集体林改的初始目标是将集体林木所有权和林地使用权落实到农户手中，确立农户的经营主体地位。

但是，从林改试点省份的实际情况看，与预期的目标并不吻合。在一些农村地区，林改政策的实施使得大量的山林迅速集中到村里少数能人或林业大户手中，而大部分农户却因政策排斥或信息排斥失去原本集体成员共有的山林。

（二）林改后法律规定与林改前产权实践的博弈和冲突

1. 案例情况介绍

20世纪80年代，福建在全省范围内掀起"消灭荒山"运动，PN县DX镇一些村出现对集体宜林荒山荒地进行流转的现象，虽然采取的是市场运作方式，但是流转操作程序并不规范，部分村队干部采取暗箱操作的方式将村队集体山林拍卖、租赁给社会工商企业或林业大户，并将收入留作村队干部使用，很少或没有分配给村民，造成农户在现实中分不到山林，这与集体林改提倡的"还山于民"的原则和目标是相违背的。村民对此意见很大，要求收回集体山林重新发包，由此引发林权纠纷。

2. 林权冲突微观发生机制分析

上述案例反映的情况在福建、湖北、江西等地是普遍存在的。根据2008年中共中央、国务院出台的《关于全面推进集体林权制度改革的意见》提到，要全面推行确权发证工作，争取用五年左右的时间基本完成明晰产权、承包到户的改革任务。通过家庭承包的方式把集体林木所有权和林地承包经营权落实到本集体经济组织的农户；对不宜家庭承包经营的林地，可以通过均股、均利等其他方式落实产权。2016年，国务院办公厅印发的《关于完善集体林权制度的意见》中指出，要进一步明晰产权，继续做好集体林地承包确权发证工作。对承包到户的集体林地，要将林权证发放到户；对联户承包经营的集体林地，要采取林权份额量化到户；对集体统一经营管理的林地，要依法采取股权量化到户。

《关于全面推进集体林权制度改革的意见》中还指出，集体林地承包权人可以在依法、自愿、有偿的前提下采取转包、出租、转让、抵押等多种方式流转林地经营权和林木所有权。对此前已经流转出去的集体林地，如果符合法律规定且承包流转合同规范的，则要予以维护；对合同不规范的，要予以完善；对于不符合法律规定的，要依法予以纠正。但是，由于各种原因，实践中并非如此。在过去实行"三级所有、队为基础"的计划经济体制下，山林作为生产资料长期以来一直归农村集体所有。当时的林业管理粗放，投入大、生产周期长、见效慢、林业生产经济效益差，村队干部甚至村民都不太重视林业生产，时而出现未经社员（村民）同意村队干部无偿赠送、无偿划拨集体山林给他人的现象，为山林纠纷埋下隐患。严格来说，这些流转出去的集体山林有相当大的一部分在程序上是非法的。另外，集体山林承包合同不规范、不合法。青山转让、责任承包山的合同订立较为粗放，有的合同没有明确标的和承包年限，有的合同主体不适格以及存在山林转让过程中暗箱操作等现象。因此，即使是《村民委员会组织法》颁布实施后，因违反民主议定原则而导致的争议、信访仍源源不断。因此，《关于完善集体林权制度的意见》中进一步提出，对于承包和流转的集体林地，要加强合同规范化管理，签订书面合同，切实保护当事人的合法权益。

三、集体林地征占用法律与事实的差异分析

近年来，在工业化、城镇化进程不断推进的形势下，各种建设用地项目不断增多，大量农业用地转变为城市用地和工业用地已成为一个无法避免的事实。然而，由于目前我国土地资源总量相对不足、质量不高和分布不均的

状况仍未从根本上得到改变,这就导致因经济发展而产生的日益增长的建设用地需求与土地资源供给之间的矛盾进一步加剧。我国实行最严格的耕地保护制度,严守18亿亩耕地的红线,使得可转为建设用地的耕地数量越来越少。又因为我国林地保护制度相对不够完善,征占用林地的补偿标准较低,减少了用地单位的投资成本。因此,一些地方建设的用地项目把目光从耕地转移到了林地,大量的林地开始作为耕地的替代品被征占用,因娱乐、房地产等经营性建设项目所导致的各类违法征占用林地现象屡见不鲜。根据第八次全国森林资源清查结果显示,2009—2013年全国各类建设项目违法违规占用林地面积超过1000万亩,平均每年超过200万亩,局部地区毁林开垦现象屡禁不止。

林地作为土地的一部分,是国土资源的重要组成部分,林地提供的生产资料对人类生产活动和人民群众的生活起着重要作用,关系着人类的生存与发展。改革开放以来,党中央、国务院高度重视森林资源培育和保护工作,提出要将林地保护与耕地保护放在同等重要的地位,对林地征占用审批程序予以规范,坚决打击一切违法违规征占用林地资源的行为,这在一定程度上缓解了林地资源的流失问题。为了保护林地和规范林地使用,国家陆续出台一系列涉及林地保护和管理的法律、法规及条例。如1984年的《森林法》第一次以立法的形式对林地征占用的审核制度进行了明确的规定;2000年颁布实施的《森林法实施条例》又对林地的审核审批制度作了进一步说明;此外,2003年的《占用征用林地审核审批管理规范》、2005年的《占用征用林地审核审批管理办法》、2007年的《森林植被恢复费征收使用管理暂行办法》以及2010年的《全国林地保护利用规划纲要(2010—2020年)》等相关法律法规更是进一步规范了林地的征占用行为。但是政策的执行并非是一个自动化的过程，而是政策目标影响者、政策制定者和政策执行者之间相互作用和彼此博弈的过程（张成福等，1996）。政策博弈的结果导致政策目标与政策效果发生偏离，偏离的程度取决于政策的执行程度。

我国林地资源管理政策的目标非常明确，就是严格林地用途管制，严禁随意调整土地利用总体规划和林地保护利用规划，严禁擅自改变林地用途。严格执行林地定额管理，优先保障国家重点建设项目、基础设施项目和民生发展项目的用地需要，严格控制经营性项目占用林地。建立健全严守林业生态红线的法律、法规，依法打击各类破坏森林资源的违法犯罪行为，坚决遏制非法征占林地和毁林开垦现象。然而，由于各种原因，不可避免地造成了盲目和随意征占用林地的现象时有发生。林地立法与实践操作各行其道，极大地损害了林农在林地征收中的合法权益。关键的问题是：究竟是什么原因导致集体林地征占用法律规范与政策执行出现偏差？是什么原因造成林地资源易于流失？笔者认为，这与林地产权制度的模糊化问题有关。鉴于此，本部分试图通过拓展巴泽尔的"产权公共领域"理论与德姆塞茨的"产权残缺"理论，来揭示林地征占用法律与事实差异化的本质，阐明林地征占用过程中农户产权残缺及受到侵蚀的原因，从而为进一步规范林地征占用法律政策提供一个基本方向。

（一）集体林地征占用法律与事实差异的理论分析

1. 简要的文献回顾

现实世界中，由于存在正的交易费用，产权的法律界定和产权的经济运行都不可能是完全的，这一点已被众多学者在产权研究中所证明。产权界定的不完全性及其衍生的渐进性就是现实世界中产权的实际运行规则，而这正是巴泽尔"产权公共领域"和德姆塞茨"产权残缺思想"的核心内容。作为产权公共领域理论的创始人，巴泽尔较早提出了产权"公共领域"的概念并深入分析了其产生的原因。巴泽尔（Barzel，1977）认为，由于资产属性多样化、信息不充分以及主体行为能力有限等因素，使得想要充分界定产权需要支付高昂的费用，因此那些没有被界定产权的财产价值就留在了公共领域。可见，由于产权界定的技术限制，可能导致资产的部分有价值的属性无法得到充分界定而形成产权的公共领域；此外，巴泽尔（Barzel，1989）还指出，权利会受到产权主体行为能力的影响，人们对资产的权利不是永久不变的，而是个人努力加以保护的程度、别人掠夺的程度和政府予以保护程度的函数。总之，巴泽尔是从主观方面（产权主体行为能力）和客观方面（商品属性、技术因素等）来阐述产权公共领域产生的原因。

还有一些学者从不同侧面来研究产权公共领域或产权不完全界定问题。阿尔奇与卡塞尔最早提出"产权残缺"这一概念，他们认为产权残缺可以被理解为对完整的产权权利束的一些私有权利的删除，并指出产权残缺是由产权界定、使用和保护费用太高以及外在条件的限制所导致的。德姆塞茨则进一步指出，由于一些代理者（如国家）获得了允许其改变所有制安排的权利，导致完整的所有制权利束中的一部分权利被删除，国家控制着废除部分私有权利束的权利，这就是所有权残缺的原因所在。与德姆塞茨的观点相一致，埃格特森也对产权不完全界定进行研究并提出了产权弱化问题。他认为："如果政府对独占权加以一定限制，我们习惯地把这些限制称为产权的弱化。反之，如果通过交换资产获得的权利没有受到任何限制，则认为产权没有被弱化。"而通过强制限制性措施导致的产权的弱化，会影响产权主体对资产投入使用的预期，进而影响最终交易的形式。国内的学者也大多是从法律的角度来讨论产权的残缺问题，明确指出对私人产权权利束的限制是国家的一种特殊权利，即导致产权残缺或模糊的行为方都是国家。而且产权清晰与否并不重要，关键在于这种产权安排能否有效地解决信息和激励问题。在产权界定之后，只要法律能有效保障产权所有人拥有自由的契约选择权，即使产权残缺也可能比产权清晰更有效率。

2. 产权不完全界定理论及其扩展

产权不可能完全界定的事实，导致未被界定的资产价值留在产权的公共领域，从而引起了所有理性产权主体的攫取行为。公共领域内的资产价值总量并非固定不变，会随着所有者的价值偏好、交易费用大小及信息完全程度等主客观因素发生变化。行为主体在面对公共领域的资产资源时，会根据不同情况相应调整各自的行为准则，表现出一个动态选择的过程。法律产权重视特定主体对特定资源、资产拥有合法性的权利，而经济产权则强调资源、资产的实际经济运行以及产权主体因此所获得的行为效用。两种产权的不完全界定会引起产权在两者之间的冲突和背离，产权的界定也会随之发生变化。

下面通过图6-1对法律和经济产权的不完全界定过程进行简要的说明。在法律产生之前，现实世界里就已经有许多客观存在的产权关系，即先有经济产权然后才有法律产权，将其命名为经济产权Ⅰ。随着法律制度的产生，将会有一部分经济产权得到初始的法律界定，称其为法律产权Ⅰ；但是由于法律产权的滞后性及经济产权的动态性，即使是法律体系日益完善的今天，仍有一些未被法律界定和保护的客观事实产权继续留在客观世界里并形成德姆塞茨提出的产权残缺部分，将其称为经济产权Ⅱ。法律产权Ⅰ和经济产权Ⅱ有效与否取决于产权主体行为能力的强弱。根据实际运行中行为主体能否充分行使产权可将法律产权Ⅰ分为完全界定部分和不完全界定部分,后者就形成巴泽尔的产权公共领域Ⅰ。同样,经济产权Ⅱ在实际运行中被完全界定的部分形成完全界定的经济产权Ⅱ,而未被完全界定的部分就形成巴泽尔的产权公共领域Ⅱ。可见,产权分析的重点不在于产权的法律初始界定,而在于产权在交易过程中的进一步确定。法律初始界定完全的产权在现实经济实践中不一定得到充分行使,而法律产权不完全界定的部分在经济运行中也未必不能得到充分行使。

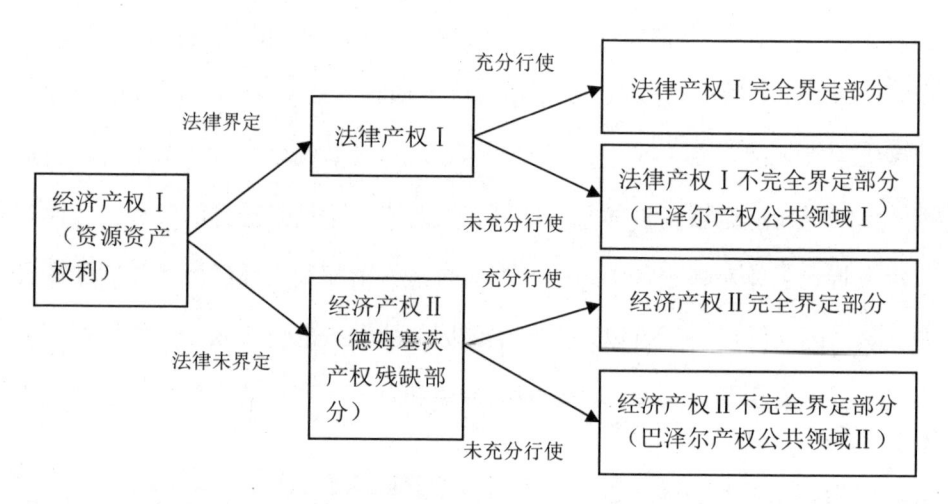

图 6-1 法律产权与经济产权不完全界定过程图示

由于交易费用始终为正,因此现实世界里不存在科斯定理所描绘的理想的产权界定状态,产权一直处于不完全界定的状态。通过上述文献回顾以及对法律和经济产权不完全界定分析表明:产权公共领域的大小,分别与资产属性、技术、法律、产权主体行为能力以及政府行为紧密联系。借鉴并扩展巴泽尔产权公共领域和德姆塞茨产权残缺理论,可将产权公共领域分为以下六种类型(如表6-1所示),具体如下:

（1）属性公共领域：由于资产属性的多维性和物品使用用途的多样性，无法对物品的所有属性进行充分界定，导致部分未被界定的属性留在公共领域，从而形成属性"公共领域"。

（2）技术公共领域：即使资产的部分属性能够显现，但由于技术的限制，无法对已显现的属性加以界定而形成技术"公共领域"。

（3）法律公共领域：尽管可以在技术上对物品显化属性进行界定，但是由于法律制定和运行成本的存在，使得法律界定成本大于界定收益，放弃界定而形成法律上的"公共领域"。

（4）国家公共领域：当法律产权界定收益大于界定成本时，国家或政府也会由于私利刻意不在法律上对可界定的资产加以界定，利用歧视性的法律占有稀缺性资源的排他性权利而形成的国家性"公共领域"。

（5）个人主观性公共领域：当产权经过法律初始界定之后，产权在实际经济实践中能否完全界定取决于产权主体的行为能力。对法律清晰界定的产权，行为主体也会因自身的行为能力以及个人的主观偏好而自愿放弃一部分资产权利并将其留在公共领域而形成的个人主观性"公共领域"。

（6）限制性公共领域：即使是具有完全行为能力和行为意愿的产权主体，也会由于国家正式或非正式制度因素的存在，致使产权主体的行为能力受到限制，从而导致未行使的部分权利落入公共领域，形成限制性"公共领域"。

表 6-1 产权公共领域类型表

类型	原因	趋势
属性公共领域	资产属性多维性	缩小
技术公共领域	技术水平不足	缩小
法律公共领域	法律制定和运作成本过高	缩小
国家公共领域	歧视性的法律设计	短期可能扩大
个人主观性公共领域	个人主观行为能力和意愿	缩小
限制性的公共领域	正式或非正式制度因素	短期可能扩大

3. 林地征占用法律与事实差异的根源

国家与政府是两个不同的概念。国家是由某个特定范围内的国民所组成的一个政治经济利益共同体，而政府则是代表这一共同体行使强制性权力并实现全民共同利益的合法组织。也就是说，政府作为国家的代理人，包括法律实体上的政府机构以及控制政府权力的个人或者集团两种形式。政府行为由能够控制政府权力的个人或集团在产权博弈上的均衡结果所决定。一方面，只要个人或集团控制政府权力，就能在一定程度上操纵政府机构制定一套有利于他们自己的产权制度并以此合法地追求个人或集团的利益。当政府权力的控制权完全掌握在官僚集团手中时，官僚集团由于不受政治力量约束就可以最大限度地扩大自己的排他性权利，从而导致产权公共领域不断扩大；另一方面，相对于法律歧视性的公共领域，政府对产权主体的行为能力上的限制往往是更为普遍的做法。个人或集团在争夺政府权力控制权的力量方面有大小、强弱之分。处于优势地位的个人或集团能够在利益争夺中获取更多的非生产性财富，并激励他们维持现状和更进一步扩大对政府的控制权。政府权力控制者通过自己拥有的政治资源禀赋对弱势群体行为能力进行约束和限制，从而获取限制性产权公共领域的非生产性财富。

正如前文所述,产权主体对一种资产的权利是不完全的。因此,林地产权同样存在六个方面的公共领域:因林地资产属性多样化形成的公共领域、因林地产权界定技术不高形成的公共领域、因林地法律界定成本过高形成的公共领域、因林地法律歧视性形成的公共领域、因农户对行使林地权利能力和意愿不足形成的公共领域以及因林农行为能力受到限制形成的公共领域。林地征占用是政府因公共利益需要可依法对林地实行征收或征用的行为,也确立了政府作为唯一征用行为主体的地位。林地征占用权力的行使代表着一种公共权力的运作,是一项宪法赋予政府与生俱来的权力,能有效避免因林地交易成本过高而产生的市场失灵问题。然而,即使有了国家的承认和保护,法理上的权利也不一定能得到充分的行使和完全的实现,国家公权将会以合法的名义成为权利的直接侵犯者,切实损害权利人的利益。地方政府在自身利益的驱使下一方面可以保护当地集体林地,但同时可能因其他利益目标而严重损害集体林地所有者的权益。因此,林地征占用行为产生的产权公共领域包括政府利用歧视性法律有意制造的国家公共领域和限制产权主体行为能力的限制性公共领域。

从未来发展趋势看,上述六种类型的产权公共领域会随着时间的推进而产生不一样的变化(如表6-1所示)。对属性公共领域,由于资产价值的属性会随着人们认知能力的提高被更多发现,因此,随着时间的发展会有缩小的趋势。随着技术水平的提高,一般来说技术公共领域会呈缩小趋势。伴随着法律体系的不断完善,立法、司法成本不断降低,法律公共领域一般情况下会有缩小的趋势。由于随着年龄和阅历的增加,产权主体自身行为能力会有不断提高的趋势,因此,个人主观性公共领域应该会有缩小趋势。随着国家政治法律制度的不断完善,长远来看政府权力理应变小,由歧视性法律而产生的公共领域应该会有缩小的趋势，但是由于"国家悖论"的存在，国家公共领域短期内可能会有扩大的趋势。同样的，由于类似宗教信仰、村规民约等非正式制度因素依然存在，限制产权主体的行为能力，限制性公共领域在未来也可能会进一步扩大。

（二）集体林地征占用法律与事实差异的现实检视

关于林地征占用，我国目前尚无专门的立法规定。由于林地属于土地范畴，因此一般将土地征占用与林地征占用两者统一进行规定。《宪法》第13条和《土地管理法》第2条均明确规定："国家为了公共利益的需要，可以依照法律规定对土地实行征收或者征用并给予补偿。"由此可见，现行法律对土地征收问题的描述较为笼统。直到2007年颁布的《物权法》才对此有了更为详细的规定，体现在三个方面：一是对征收和征用情况进行区分，明确国家可以因公共利益需要进行征收和因抢险救灾等紧急情况进行征用；二是将"依法"进一步明确为"依照法律规定的权限和程序"；三是强调补偿与安置并重，将"合理补偿"改为"依法足额支付土地补偿等费用"，并提出要对被征地农民予以妥善安置。1998年修正的《森林法》也明确规定："占用或者征用林地的，经县级以上人民政府林业主管部门审核同意后，依照有关土地管理的法律、行政法规办理建设用地审批手续，支付林地、林木补偿费和安置补助费。"综上所述，尽管不同法律对土地征占用的表述不尽一致，但基本涉及三个合法构件：征占主体具有法定权限；征占目的是为了公共利益的需要；应给予被征占人足额补偿和妥善安置。但即便如此，现行林地征占用法律与实践却各行其道，农户在林地征占用中权益受到侵害的现象屡禁不止。

1. 法律性歧视与征占用法律和事实偏差

（1）公共利益界定模糊与政策执行偏差

征收法律演变至今，始终不变的是为了公共利益需要这一征收前提。只要是为了公共利益并依法征收，政府的征收行为就表现出一种强制的公共权力的执行行为，公共利益依然成为征收立法的核心问题。因此，征收的关键就聚焦于什么是公共利益以及由谁来界定公共利益两个问题。首先，现行的法律并没有对公共利益的概念和范围进行明确的界定，这就给政府过度征收林地提供了政策机会和操作空间，引起林地征占用法律与政策执行之间的偏差。正是由于现有法律制度的不完善，才导致公共利益的范围被任意扩大和解释。在当前的林地征收实践中，仍然存在一些地方政府、建设单位打着公共利益的旗号随意征占用林地，混淆"公共利益"与"政府利益""部门利益""个人利益"之间的区别，这不仅造成集体林地资源的大量流失，也滋生了官商勾结、贪污腐败等现象。其次，根据《土地管理法》相关规定，土地征用实行国务院和省级人民政府两级审批制，因而自然由二者判断土地征用时是否是出于公共利益的需要。这就导致"国家悖论"现象的产生，即产权需要国家界定但是当国家介入时又会稀释产权，使得国家或其代理人由于私利刻意不在法律上对可界定的资产属性加以界定而形成的法律歧视性公共领域。众所周知，政府并非公共利益的所有者，而是公共利益的代表者。地方政府作为国家地方权力的实际代表，其实施的林地征占用是一种行使行政权力的行为，是为了更好地维护和实现社会公众的公共利益。因此，国家法律层面对"公共利益"的模糊界定显然与行政权力设置的初衷背道而驰，其结果必然导致林地征占用范围的随意扩大，加大了地方政府及职能部门随意征占用林地的自由裁量权，严重危害林农的切身利益。

（2）补偿标准不统一与政策执行偏差

我国《宪法》《土地管理法》《物权法》等法律法规，对农地征占用的补偿和安置费用等做了详细的规定。目前我国立法没有专门统一的林地补偿标准，而是规定林地补偿费和安置费标准由省、自治区、直辖市参照耕地标准而定，林地附着物及青苗补偿标准则由省、自治区、直辖市根据本地实际情况自行规定。目前大部分地区的林地补偿标准是以当地的平均产值和综合地价为依据的，而产值和地价则是由市级或县级人民政府制定的，这就导致地方政府身兼裁判和运动员双重身份的不公平局面的出现。这就导致我国不同区域的林地补偿和安置标准差异较大，从而造成政府政策在具体执行中出现一定程度上的偏差。林地征用是政府为了公共利益依法强制获取他人林地并给予补偿的行为，是政府与生俱来的公共权力。由于地方政府的双重身份以及对GDP的追求导致其在林地征占用问题上天生具有滥用和泛化的倾向。按照相关法律规定，土地征收补偿费应为该耕地被征收前3年平均产值的6-10倍；每一个需要安置的农业人口的安置补偿费为该耕地被征用前3年平均产值的4-6倍；而土地上附着物及青苗补偿标准，则由省、自治区、直辖市规定。然而具体的林地征用实践中，由于官僚集团具有追求政府制造的公共领域最大化之动机，而且政府对政策的制定和执行容易受到少数利益集团的影响。因此，许多地方政府在林地征用补偿中往往执行的是政策规定补偿标准的最低限，甚至有些地方的补偿费用也难以全部发放到被征地农户手中，侵占、挪用、私分的现象时有发生。

2. 行为能力限制与征占用法律和事实偏差

（1）林业主管部门前置审核权受限制与政策执行偏差

根据《森林法》和《土地管理法》的有关规定，因建设单位需要而征占用林地时，必须经过同级林业主管部门的前置审核之后，土地管理部门才可以按照土地管理相关法律法规向人民政府报批。占用或征用林地未经林业主管部门审核同意的，土地行政主管部门不得受理建设用地申请。由此可见，林地资源管理实行土地管理部门统一管理和林业主管部门专业管理相结合的形式。这在一定程度上保障了林地征占用过程的合法性，遏制了地方政府不合理征占用林地的乱象，避免林地资源的过度征占用，从而实现林业经济效益与生态效益协调发展。然而，林业主管部门在林地征收审核时却受到地方政府和土地管理部门的干涉和限制，很大程度上弱化了林地前置审核权的实际效果。以国家产权政策加以规范的林地征占用制度，表现出极强的政府主导的特性，这使得政策在具体实施过程中容易出现以政策代替法律的现象，从而侵害林农的合法权益。

尽管林业主管部门在建设用地审核时拥有否决权，但是，1998年修订的《土地管理法》及其实施条例在建设用地预审制度上存在很大的漏洞。2008年国土资源部发布的《建设项目用地预审管理办法》更加细致地规定了只有在建设项目完成各项审批之后，林业主管部门才能进行审核审批的程序。因此，在实际操作中经常是等到土地管理部门完成大量的前期预审工作以后，林业主管部门才介入审核审批程序。当两个部门产生意见冲突时，为避免造成前期投入的大量人力、物力和财力的浪费，林业主管部门在很多时候会迫于压力勉强同意征地，导致林业主管部门对地方政府和其他职能部门的约束力不强。与此同时，林业主管部门作为地方政府的职能部门之一，其经济上主要来源于地方政府的财政拨款，政治上也要接受地方政府的领导。这一系列受限条件迫使林业主管部门在林地审核时"睁一只眼闭一只眼"，一定程度上虚设了其林地审批的否决权，极大地削弱了林业主管部门对林地征用的前置审核权。

(2) 林农话语权受限制与政策执行偏差

根据《森林法》及其实施条例的规定，林地征收应按照如下程序：用地单位向县级以上人民政府林业主管部门提出用地申请；经林业主管部门审核同意并预交森林植被恢复费；用地单位凭借林地审核同意书依法办理建设用地审批手续；需要林木采伐的用地单位须申请林木采伐许可证。从整个具体的实施流程来看，林农并未参与其中，这说明我国的林地征用制度带有一定的强制性，当国家征收或征用林地时，只要用地单位具备法定条件并依法履行法定程序就可以实施征地行为，林农在这一过程中几乎没有话语权，只能被动接受而无权协商，对林地的征收补偿费也只能表达意见而无权对征收决定提出异议，这在一定程度上限制了农民集体对林地的处分权。《土地管理法》第48条明确规定："征地补偿安置方案确定后，有关地方人民政府应当公告，并听取被征地的农村集体经济组织和农民的意见。"由于林地属于土地范畴，可见，农户在林地征用审核审批阶段并不知情，只有等到林地征用补偿方案确定之后才有机会发表意见。但是此时即使对征地方案有异议，向哪个部门反映？意见是否有作用？林农对此一无所知。而且据调查，很多地方征地补偿方案的确定并没有征询农户的意见，个别地区的农户即使接到征地通知，也仅仅是一种口头的非正式通知，这说明农民对国家的征地行为没有排他性权利；从土地审核到征地补偿，整个过程中农户的意愿都遭到忽视。因此，政府在林地征占用过程中可以利用自己的政治资源禀赋对林农这一弱势群体的行为能力进行约束和限制，从而使部分未能完全行使的合法权利落入公共领域，进而导致集体林地征占用法律与事实出现偏差。

(3) 集体林地使用权的转让受限制与政策执行偏差

虽然《森林法》以及《森林法实施条例》规定，依法登记的森林、林木、林地的所有权和使用权受法律保护，任何单位和个人不得侵犯森林、林木、林地所有者和使用者的合法权益。但是，实际上农民集体的林地使用权的转让受到严格的限制。《土地管理法》第2条明确规定，集体土地的使用权可以依法转让。但第43条也同时规定："任何单位和个人进行建设，需要使用土地的，必须依法申请使用国有土地。"这背后隐藏的含义包含两个方面：一是农民不能自由地使用自己的集体林地，若非要使用必须先将集体林地低价征收为国有林地，然后再由集体从国家手中高价买回才能拥有建设用地使用权。也就是说，农户承包经营的林地只能用于林业用途，不能改作建设用地，林地征用成为国家获得非林建设用地的唯一途径和方法，这足以说明林地的使用权是残缺的；二是集体林地使用权不能出让、转让或者出租用于非农建设，一切经营或者变相经营农民建设用地的行为都是非法的行为。这表明集体林地使用权的非农转让特指国家的批租行为，农民非农建设用地不能进入一级土地交易市场。因此，政府在界定农民集体林地使用权时，通过正式的法律制度限制了使用权的转让，造成这部分权利落入政府制造的公共领域而形成限制性公共领域。

四、本章小结

本章从地方非正式制度、村庄产权实践、集体林地征占用和商品林采伐制度实际处理等出发，分析集体林产权法律规范与法规执行中冲突的领域、环节及冲突程度的评价。研究发现，首先，国家正式的林权制度改革设计与村庄社区沿袭至今的非正式林权制度并不吻合，由此导致的产权博弈引发了大量的林权纠纷，这表明正式的产权制度与村庄沿袭下来的习惯产权制度发生碰撞和冲突也不可避免。其次，集体林权制度改革是以明晰产权为政策重心的，往往忽略了基层农户的内心诉求，使得林改政策制定与执行之间出现偏差。由于我国公共政策设计不全，给村级非正式自主治理留下任意性和自主性空间，导致现行国家赋权政策的执行与农户实际的产权现状存在很大差异。最后，尽管不同法律对林地征占用的表述不尽一致，但是由于政策执行不力，不可避免地造成了现行林地征占用法律与实践操作各行其道，极大地损害了林农在林地征收中的合法权益。为此，今后应进一步健全法律法规，规范林地征收程序，完善征地补偿机制，保障被征林地农户的基本权益。

第七章　农户产权安全感知分析

　　历经数次改革，我国集体林产权已经从特指农民集体所有的森林资源产权逐步演化为林地为农民集体所有的各类森林资源产权。毫无疑问，成千上万的林农才是南方集体林区林业生产的主体，但是以往集体林产权研究模式更多地是以国家或政府政策为导向的，其核心内容是要求林农的行为要与政府的政策目标相一致，却较少从农户产权需求的角度来纠正产权供给上的偏差。土地产权安全包括法律、事实和感知三个层次的安全，法律和事实产权安全通过感知产权安全对行为主体发挥作用，并且感知产权安全对农户土地经济决策具有直接决定作用。从产权经济学的角度分析，评价一个制度体系是否有效的标准在于评判这种制度约束下的经济实体生产行为是否得到激励。换而言之，评判新型集体林产权制度优劣的标准应该是评价该制度能否激励林业经营者进行林业生产投入或扩大林业生产投入规模。因而本章主要考察感知层面产权安全的影响因素及其对集体林地经营行为的影响效应，以探究当前农户集体林产权安全感知现状，并甄别出哪些特性的农户对林地投资和流转具有更强的敏感度，这对于提高林地利用的效率以及更好地实现林改预期目标具有重要的实践指导意义。

一、农户产权安全感知影响因素分析

近十年的集体林权深化改革取得了明显成效,赋予了农户更完整的林地权利,激发了农民生产经营的积极性。然而,此次改革也使得农村集体经济组织在林改决策中的地位受到了更大的重视,在村级自主治理中扮演重要的"治理者"角色。由于不同村庄的自然条件、经济社会条件和村级民主政治的发育程度不尽相同,因此所形成的产权安排也就各有差别。同时,由于我国公共政策设计不全,给村级非正式自主治理留下任意性和自主性空间,这就导致现行国家赋权政策的执行与实际农户的产权现状存在很大差异,进而引致实际和感知产权不安全。虽然截至目前,全国大部分地区声称已完成"明晰产权"的任务,但在近几年的实地调查研究发现,国家正式的林权制度改革设计与村庄社区沿袭至今的非正式林权制度并不吻合,由此导致的产权博弈引发了大量的林权纠纷。

我国南方集体林大多分布在封闭的农村地区,农户是森林经营的主体,他们能否从集体林产权改革中获益以及林农合法权益是否受到保护应该成为评价集体林产权改革成败的重要标准。但是,由于林农掌握的信息资源有限以及自上而下政府推动的改革模式,使得本应该成为产权变革主体的林农处在消极、被动的态势,其正当合法的权益经常受到侵害。再加上当前我国法律层面集体林所有权不明晰、部分法律法规条款模糊,实际层面使用权不完整和不稳定,森林产权一直以来较为多变,农户对法律的规范性标准会形成自己独有的理解,差异化的产权环境不仅造成实际的森林产权安全性较低,也导致农户的产权安全认知出现偏差。而且由于我国的森林法都不太推崇地方自主管理森林的做法,造成当地居民很少有机会参与到森林资源的规范和管理中来，导致农户对正式的国家赋权制度缺乏信任和认可，对法律政策持有怀疑的态度，感知层面产权安全水平较低。

（一）产权安全感知影响因素：理论解析

产权的功能主要体现在对产权主体的约束和激励，从而实现对稀缺资源的优化配置，而农户的感知产权安全又是直接作用于集体林业的经营行为。布罗加德（Broegaard，2005）认为土地产权作用的发挥是通过农户对产权的感知而实现的，只有将农户的产权安全感知作为研究的核心因素才能更好地理解他们的土地行为。产权的运作实践及其结果与当事人各方的行动策略和互动过程紧密相关，而当事者所采取的行动和策略取决于其对产权及产权变更的认知和预期。产权安全感知并没有一个明确的定义。国内外不少学者从社会心理学的视角出发来探讨产权安全感知的内在形成机制。布罗加德（Broegaard，2005）认为，农户的土地产权感知由他们对其所处产权环境的主观评价以及对未来产生土地财产纠纷的恐惧感所组成。范杰尔德（Van Gelder，2007）也认为产权安全感知是一项个人心理变量，由以认知（思维）和情感（情绪）为基础的元素组成。不少研究认为，认知部分大致对应的是产权安全感知的默认看法，它是对驱逐可能性和造成被迫迁居的其他因素的一种主观估计。人们倾向于喜欢平衡的系统，并且对平衡系统记忆得更好。因此，如果人们的现有认知已经一致，当他们面对一个会产生不一致的新认知时，会产生违背传统思维方式的认知偏差，这时他们会努力最小化这种不一致以消除心理紧张和消极情感。然而，越来越多的社会心理学研究者证明情感对我们感知风险和处理不确定情况有着重要影响。情感论者认为除了认知，感觉也会形成重要输入，引导人们的行为并影响风险性决策。近年来，也有理论认为认知和情感同时影响我们处理信息的方式。这种理论认为信息处理有两种风险评估模式，一种基于深思熟虑的分析性思考（即认知决策视角）；另一种则基于直觉情感。

目前，已有研究证明法律上的确权（如土地登记）有助于提高农民的产权安全感知。然而，现实中正式制度层面法律法规执行低效（如土地证书发放率低、非法征地时有发生等），难以发挥对农户产权的保护，而土地法律执行不到位又会在很大程度上限制农民土地产权安全感知。与农地领域相同，虽然林权证的发放使得林农可以对抗他人的一切非法侵权行为，并在受侵害时能够通过行政和司法程序得到国家法律保护。但是，在我国现有的集体林产权制度下，法律赋予林农的权利并不是真正意义上的完整产权，在多大程度上符合农户内心的完整性赋权行为认知并不确定，农户对集体林的合法产权仍得不到有效的安全保障。具体体现在：一是由于基础设施、工程建设需要等原因，政府无偿或低价征占用林地的现象大量存在，从而导致集体林产权受到一定程度的侵害，由此引发一系列林权纠纷问题；二是由于人口变化、非法采伐以及毁林现象的存在，政府部门会对一些地方的林地权属进行更改，把农户承包经营的林地重新收回并进行重新分配，造成集体林产权的不稳定性；三是一些地方政府会以绿化或开发荒山的名义将一部分集体荒山拿出去拍卖，以加快荒山造林。但这些荒山在林学意义上属于草山，具备了放牧和生产薪材的功能，造林后会使其使用权发生易位，侵犯林农的合法权益。因此，由于土地确权登记过程复杂，交易成本高，在强化土地产权安全方面的作用有限，确权并不总是能够提高产权的安全性。此外，也有证据表明即使没有获得正式法律认可，实际和感知土地产权的安全性水平仍能维持在较高的水平。

大量实证研究证实信任是感知土地产权安全的关键影响因子。宗教信仰通过信仰效应塑造和改造价值观进而影响个体和社会化信任水平。因此，宗教信仰、村规民俗两种极具宗教和地方特色的非正式制度在村级非正式自主治理中扮演重要的"治理者"角色，是实际和感知土地产权安全的重要型塑力量。不少农户对正式的国家赋权制度缺乏信任和认可，对法律政策持有怀疑的态度。部分学者对全国 2200 户农户调查发现约 60% 农户表示不相信政府在强化农地产权安全方面所做的努力。通过对甘肃省民乐县 21 个村的农户进行调查也发现，有 47% 的农户认为中央政府"稳定农地承包年限"的政策并无实际作用。此外，除了正式的法律确权和以信任为基础的非正式制度因素外，研究还发现家庭收入结构、农户投资行为、信贷能力以及户主的政治地位等因素也对农户产权安全感知产生影响。

（二）模型构建与变量选择

被解释变量产权安全感知是由产权认定感知、产权保护感知、产权使用感知及司法可获得性感知四个维度组成，其值是四个维度得分的总和，是个连续变量。为此，本研究采取多元回归模型进行分析，具体模型如下所示：

$$y_i = \beta_0 + \beta_1 x_1 + \beta_2 x_2 + \beta_3 x_3 + \cdots + \beta_k x_k + \mu_i, i = 1, 2, 3 \cdots k \tag{1}$$

其中 y_i 为被解释变量产权安全感知，x_1，x_2，$\cdots$，x_k 为影响产权安全感知的自变量，具体分为四个方面：一是制度环境变量包括是否有林权证、是否有承包合同以及林地经营期限；二是户主特征变量包括性别、年龄、受教育程度、是否村干部；三是家庭特征变量包括家庭涉林打工人数、林业是否是家庭的主要收入来源、家庭收入水平；四是村级特征变量包括村级林权证发放的比例、村级林权证已发放年限、村干部的年龄及村干部的受教育程度。μ_i

为随机误差项。

（1）农户产权安全感知变量。产权安全感知是本文研究的因变量。根据前面的理论分析并借鉴FAO发展的一套评估各国森林权属治理状况的体系，将产权安全感知变量分为产权认定感知、产权保护感知、产权使用感知和产权的司法可获得性感知四个维度。通过变量的分解，农户产权安全感知水平的评估就转化为分别估计农户产权认定感知、产权保护感知、产权使用感知和产权的司法可获得性感知水平，避免了对单一综合变量的复杂推理，因此预期这四个维度的感知将比直接询问农户林地产权安全感知更为客观，结果也更为准确。问卷使用"1～5分制"来评估农户对每一项指标的认同度。如果林农回答"完全同意"则赋值为"5"；如果回答"比较同意"将赋值为"4"；如果回答"不确定"赋值为"3"；若回答"比较不同意"则赋值为"2"；如果回答"完全不同意"赋值为"1"。

（2）制度环境变量。制度环境变量包括是否有林权证、是否有承包合同、林地的经营期限。雷林克和范杰尔德研究表明土地登记等正式制度因素有助于提高农户的产权安全感知，因此，预期拥有林权证和承包合同的农户产权安全感知均会提高。与农业不同，林业具有生产经营周期长的特性，因此，一方面，如果林地经营期限越长，投资收益回报就越大，农户对林地产权安全感知就越强；另一方面，林地经营期限越长，林地被征收和调整的可能性就越大，从而导致农户产权安全感知就越低。因此，预期林地经营期限对农户产权安全感知的影响具有不确定性。

（3）户主特征变量。户主特征变量包括户主性别、年龄、受教育程度以及是否为村干部。一般而言，男性的行为能力比女性更强，男性户主对产权安全能够保护林地生产经营的认知度会更强。因此，预期男性户主对林地有更强的产权安全感知。一方面,随着年龄的增加,农户的精力和体力会随之下降,其保护林地的能力减弱;另一方面,年龄越大,经历林地征收和调整的次数越多,对失去林地的风险估计越高。因此,预期户主年龄对产权安全感知具有负向影响。户主受教育程度越高,对政策信息的接受和适应能力越强,对待林地调整政策会更加客观和理性,预期户主文化程度越高,产权安全感知越强。经研究发现户主的政治地位对农户产权安全感知会产生影响。户主为村干部比一般人更加了解相关的政策和信息,有利于获取更多的社会资源,因此预期村干部产权安全感更高。

(4)家庭特征变量。家庭特征变量包括家庭涉林打工人数、家庭收入水平、林业是否为家庭的主要收入来源。家庭涉林打工人数越多,一方面表明农户越有能力抵抗因人口变动、公共利益等而产生的林地调整和征收,但是另一方面不利于提高农户对林地的投资,因此预期家庭涉林打工人数对农户林地产权安全感知的影响具有不确定性。家庭收入水平越高,表明农户家庭在村里的社会地位越高,在保护林地上更具有信心和能力,因而有助于提高农户的林地产权安全感知。家庭林业收入占家庭收入的比重越大,表明农户对未来失去林地的恐惧性越强,从而降低产权安全感知,因此,预期两者呈负向相关关系。

(5)林地特征变量。林地特征变量包括林地离家的距离和林地面积。林地离家越远,越不利于农户对其进行看护和管理,因而农户的产权安全感知越低。林地面积越大,林地的经营管理成本就越高,使得农户对于保护和经营林地的精力与信心越不足。因此,预期农户的产权安全感知就越低。

(6)村级特征变量。村级特征变量包括村干部年龄、村干部受教育程度、村林权证发放的比例和村林权证已发放年限。村干部年龄越大,林业的决策和行为更为保守,林地变动的可能性就越小,有利于增强农户的产权安全感知。村干部受教育程度越高,对政策的理解和吸收就越好,林地受到调整和征收的可能性就越小,预期对农户产权安全感知起正向影响;村林权证发放的比例越高,会使得农户对林地有着更长远的预期,因此预期对农户林地投资有正向影响。村林权证已发放年限越长,农户越可能淡化林权证所具备的法律效力,因而会降低农户的产权安全感。

(三)产权安全感知量表设计

为衡量农户的产权安全感知水平,已有的文献使用了各种变量。一些学者认为仅仅使用拥有土地的时间长度作为地权安全的衡量方法可能是有问题的。因此,加入了一个虚拟变量,即对收成年末土地可能被收走的可能性的感知。戴宁格尔和金(Deininger and Jin,2006)引入了一项新的主观指标来衡量地权的安全性,即一个家庭是否认为未来5年土地存在再分配的风险。霍尔顿等人(Holden et al.,2009)对福建、江西和云南3个省份农户的土地产权安全感知进行分析,将一个家庭预期5年后是否拥有某块特定的地块作为衡量产权安全感知的指标。如果受访者回答"是",那么对产权安全感知变量给2分;如果回答"不确定",那么给1分;如果受访者确定5年后不再持有某块地块,则给0分。马贤磊基于江苏、湖北、广西和黑龙江4省的626户农户的调研数据,从社会心理学的角度探讨农户产权经历与村庄产权情景对农户产权安全感知的影响。为了避免对产权安全感知这一单一综合指标复杂推理可能造成的偏差问题,将产权安全感知分解为农户土地调整感知和土地承包经营权证书重要性感知两个指标。吉登艳参照霍尔顿的做法,将林地产权风险预期细化为农户对林权证到期后林地重新分配的可能性预期和未来

10年内林地被征收的可能性预期,并对每一项风险预期给予赋值。

可见,大多数学者将产权安全感知定义为一个复合型概念,即农户对当前地权现状的评估,以及对未来持有土地产权的信心度。这从人的本能上来解释是合情合理的,因为持有未来的土地产权是农户收获其投资成果的必要条件。然而,产权是由所有权、使用权、收益权和处分权组成的权利束。拥有(或缺乏)不同类型的土地产权可能会对产权安全感知产生不一样的影响。因此,即便分析出农户产权安全感知的总体水平,仍无法判断缺乏某一项权利的农户在何种程度上感到安全?拥有某一项权利会在何种程度上增强农户的产权安全感?而且,一项产权是否存在,并不完全取决于初始的法律界定,还取决于人们怎样进一步去行使或使用产权。一旦产权关系得到法律的清晰界定,就会约束产权主体主动保护自己的产权不受破坏。产权功能的实现还有赖于产权的安全性,即产权划分、界定的普遍社会认可和产权保护和行使的一系列规则执行的有效性。因此,研究农户对林地的产权安全感知问题就转化为分析农户对4个方面的感知:(1)是否觉得林地可以清晰界定?(2)林地的各项权利是否可以灵活使用?(3)林地的权利是否能够得到有效保护?(4)当发生林地纠纷时,能否通过司法机构得以解决?

本文使用的农户产权安全感知量表是借鉴FAO设计的一套评估各国森林权属治理状况的体系,结合中国集体林的实际情况,征求专家对初始问卷的修改意见,并对农户产权安全感知情况进行预调查,最后经过反复修改而成的。产权安全感知量表测量维度及题项如表7-1所示,农户产权安全感知变量包括产权认定感知、产权保护感知、产权使用感知和产权的司法可获得性感知四个维度。本文采用5级李克特量表,对测量题项"完全不同意""比较不同意""不确定""比较同意""完全同意"分别赋予分值1、2、3、4、5。

表 7-1　农户产权安全感知量表

量表名称	维度名称	测量选项
产权安全感知	产权认定感知（A）	近30年林地、林木产权主要法律政策一直没有大的变化。（A_1）
		制定和实施林业政策时会征求你们的意见并与你们进行有效的沟通商量。（A_2）
		你们和别人的山林之间有明显的界限，可以清楚划分。（A_3）
		山林划分时有完整的档案资料，而不是只有会议记录或口头划定。（A_4）
		国营林场、国营采育场的经营区与农户承包的山林之间界限明确，很少有冲突。（A_5）
		工作人员在发放林权证时认真细致、工作到位。（A_6）
		林权登记时对国有、集体、企业和个人的林权平等对待，不会歧视个人林权，而且会对每个人的产权都进行登记。（A_7）
		林业主管部门在林权登记时会到实地进行勘测，林权证所记载的内容与实地相符。（A_8）
		林权法律政策关于集体山林的划分会尊重和认可当地的乡规民约或习惯做法。（A_9）
	产权保护感知（B）	合法的森林产权不会被单方面和不公正改变或废除。（B_1）
		政府有关部门保存有山林产权详细的信息，需要时可以查阅。（B_2）
		您既没有碰到也没有听说有人经营林业的收益被村、乡镇政府和林业部门截留的事。（B_3）
		没有出现村组干部将村队集体山林拍卖租赁并将收入留作村队干部使用的现象。（B_4）
		您既没有碰到也没有听说有人的林地因村里的某些原因（如人口变动）或被政府所调整却没有得到合理补偿的事。（B_5）
		只有符合法律规定的公共利益需要（如基础设施建设、城市扩张、自然资源保护）才能征占用林地。政府也积极探索可减少征地必要性的其他方案。（B_6）
		在征用之前会对林地的征用范围及林种、树种、面积、蓄积等状况进行调查，农户能按规定得到公正而及时的补偿。（B_7）
		您既没有碰到也没有听说有经营者之间发生林权冲突和纠纷却没有得到及时公平解决的事。（B_8）

续表

量表名称	维度名称	测量选项
产权安全感知	产权使用感知（C）	只要合法经营且不改变林地用途，如何使用林地是不受限制的。（C_1）
		政府为林地被征用的人提供信贷、投资、技术、生活补助等援助。（C_2）
		政府会努力确保林业投资双方明确各自在合同或协议里的权利和义务。（C_3）
		政府不会限制林权的自由流转，而是鼓励引导形成公平和透明的林权流转市场。（C_4）
		相关职能部门在确权发证时会向您说明相应的权利和责任。（C_5）
		森林采伐指标容易申请，且申请流程简单、操作方便。（C_6）
		森林采伐指标的分配是公平合理的。（C_7）
		公益林补偿合理且能够及时到位。（C_8）
	产权的司法可获得性感知（D）	林地产权受到侵害时解决冲突争端的办法很多。（D_1）
		大多数地区已经建立独立的林权争议调处机构。（D_2）
		当发生林权冲突时，在村里或林业主管部门的调解下就能够得到很好的解决。（D_3）
		当发生林权冲突和纠纷时林权争议调处机构能及时主动介入，工作效率很高。（D_4）
		林业部门和地方政府对林权纠纷的行政处理是客观公正的。（D_5）
		对林权争议处理决定不服的，可以依法提出申诉或者向人民法院提起诉讼，法院都会按规定给予受理。（D_6）
		政府会为边远地区和弱势群体提供法律方面的援助。（D_7）
		法律建立明确专门的机制防止争端解决过程中发生的腐败行为。（D_8）

（四）实证结果与分析

1. 量表的信度、效度检验

本研究通过对预调查所获取的数据进行分析，已初步检验本研究问卷的信度和效度，同时也检验了量表构成及维度，以此为基础修改的正式量表也在预调查阶段通过了检验。本研究为了保证正式调查的数据具有较高信度和效度，利用探索性因子分析和验证性因子分析分别对研究量表中因变量、自变量以及情境变量进行检验。

（1）检验方法

首先，利用Cronbach's a系数来判断问卷量表的可靠性，即问卷量表的信度Cronbach's a系数越高，表明问卷中每个分量表的信度越高。如果0.5＜Cronbach's a系数＜0.6，则说明该量表可以接受；如果Cronbach's a系数＞0.7，说明该量表具有较高的可信度。其次，问卷量表的效度检验主要为了评价量表的准确度、有效性和正确性，进而反映量表测定结果与预想结果的吻合程度。通常检验问卷量表的效度主要有内容效度和结构效度两个方面。由于目前学界还缺乏有效的方法来定量评价问卷量表的内容效度，因此，本研究主要通过检验每个指标题项是否具有代表性、内容是否囊括研究对象的理论边界等定性的方法来评价量表的内容效度。而结构效度检验则是检验量表结构与理论设想是否相符，因子分析是常用检验结构效度的方法。因子分析包括探索性因子分析及验证性因子分析。其中，探索性因子分析研究的是相关矩阵的内部依存关系，将多个指标题项综合为少数几个因子，以此来探索因子之间相关关系。如果某个潜变量的测量指标题项的因子载荷在该变量上均大于0.5，而在其他潜变量上均小于0.5，表明此变量的量表具有较好的收敛效度和区别效度。在进行因子分析之前，需通过KMO检验和Bartlelt球形检验来判断问卷调查所得的数据是否适合做因子分析。若样本数据的KMO值大于0.5时才可以进行因子分析。

（2）产权安全量表信度分析

本文利用Cronbach's a系数来判断问卷量表的信度，即问卷量表的

Cronbach's a 系数越高，问卷中每个分量表的信度越高。由表 7-2 可以看出，产权认定感知、产权保护感知、产权使用感知、司法获得性感知四个维度分量表的 Cronbach's a 系数分别是 0.726、0.769、0.712、0.814，均大于 0.6，表明产权安全感知量表信度较高。

表 7-2 产权安全感知四个维度的各项指标题项可靠性检验结果

维度	题项数	Cronbachs Alpha 系数	项目与总体相关系数
产权认定感知	9	0.726	0.397 ~ 0.573
产权保护感知	8	0.769	0.407 ~ 0.616
产权使用感知	8	0.712	0.328 ~ 0.511
司法获得性感知	8	0.814	0.434 ~ 0.620

（3）效度分析

在进行探索性因子分析之前，首先对经过信度检验修改题项后的产权安全量表进行 KMO 值以及 Bartlett 球形检验，结果如表 7-3 所示，四个维度的 KMO 值均大于 0.7，Bartlett 球形检验卡方值较大，且统计值显著（p<0.000），这表明产权安全四个维度的量表可进行因子分析，下面利用 SPSS 18.0，采用探索性因子分析中的主成分分析方法对四个维度量表进行因子分析。

表 7-3 产权安全感知四个维度量表的 KMO 和 Bartlett 检验

	KMO 值	Bartlett 的球形检验		
		近似卡方	df	Sig.
产权认定感知	0.789	536.904	15	0.000
产权保护感知	0.802	608.983	15	0.000
产权使用感知	0.753	303.292	15	0.000
司法获得性感知	0.840	1036.357	21	0.000

(4) 产权安全感知四个维度的探索性因子分析

本研究利用主成分分析法对产权安全感知四个维度变量进行因子分析，并采用方差最大化正交旋转提取因子。产权安全感知四个维度总方差解释率和子负荷矩阵结果如表7-4所示。本研究四个维度多个因子的总方差解释率为40%以上，表明产权安全感知四个维度量表解释率较高。

表7-4 产权安全感知四个维度的量表因子总方向的解释表

产权安全感知维度	成分	合计	初始特征值方差的（%）	累积（%）
产权认定感知	1	2.568	42.808	42.808
产权保护感知	1	2.681	44.678	44.678
产权使用感知	1	2.143	45.709	45.709
司法获得性感知	1	3.320	47.422	47.422

产权安全感知包括产权认定感知、产权保护感知、产权使用感知、司法获得性感知四个维度。利用因子分析法，选择方法最大化正交旋转因子旋转方式，提取因子的标准为特征值大于1的因子。对33个题项进行因子分析，共提取4个因子，总方差解释率和正交旋转后的因子负荷如表7-3所示。其中，产权认定感知中"近30年林地、林木产权主要法律政策一直没有大的变化（A_1）""你们和别人的山林之间有明显的界限，可以清楚划分（A_3）""国营林场、国营采育场的经营区与农户承包的山林之间界限明确，很少有冲突（A_5）"三个题项以及产权保护感知中的"政府有关部门保存有山林产权详细的信息，需要时可以查阅（B_2）"的因子负荷值都低于0.5，故本研究删除这些题项。

表 7-5 产权安全感知四个维度题项的因子负荷矩阵

	成分			
	1	2	3	4
A_2	0.575			
A_4	0.506			
A_6	0.735			
A_7	0.776			
A_8	0.695			
A_9	0.596			
B_1		0.565		
B_3		0.705		
B_4		0.751		
B_5		0.773		
B_6		0.528		
B_7		0.651		
B_8		0.565		
C_1			0.672	
C_2			0.577	
C_3			0.690	
C_4			0.631	
C_5			0.607	
C_6			0.727	
C_7			0.629	
C_8			0.711	
D_1				0.564
D_2				0.569
D_3				0.783
D_4				0.762
D_5				0.775
D_6				0.670
D_7				0.658
D_8				0.564

2. 描述性统计分析

利用均值和标准差等统计指标对产权安全感知四个维度的观测指标进行描述性分析。

表 7-6 产权安全感知水平的描述性分析

变量	均值	标准差	维度	均值	标准差	题项	均值	标准差
产权安全感知	3.803	0.576	产权认定感知（A）	3.896	0.692	A_2	3.16	1.619
						A_4	3.74	1.509
						A_6	3.95	1.157
						A_7	4.05	1.085
						A_8	4.00	1.255
						A_9	4.00	1.156
			产权保护感知（B）	4.010	0.755	B_1	4.10	1.145
						B_3	3.99	1.279
						B_4	3.90	1.369
						B_5	4.01	1.216
						B_6	4.23	1.050
						B_7	4.13	1.118
						B_8	3.80	1.363
			产权使用感知（C）	3.734	0.697	C_1	4.36	1.051
						C_2	3.69	1.297
						C_3	3.97	1.019
						C_4	3.81	1.161
						C_5	3.82	1.289
						C_6	3.10	1.400
						C_7	3.40	1.257
						C_8	3.70	1.286
			司法获得性感知（D）	3.579	0.813	D_1	3.47	1.335
						D_2	3.00	1.367
						D_3	3.77	1.219
						D_4	3.55	1.252
						D_5	3.84	1.113
						D_6	3.90	1.097
						D_7	3.57	1.250
						D_8	3.51	1.275

由表 7-6 可知，产权安全感知四个维度总体上得分不高：除了产权保护感知维度的均值得分为 4.0096 以外，其他三个维度的均值得分都低于 4，均处于比较满意水平之下。其中，森林产权司法可获得性感知的均值得分是最

低的，仅为 3.5789。这说明大部分林农对集体林地产权安全感知水平不高。下面结合图 7–1、图 7–2、图 7–3 和图 7–4 分别来具体描述林农集体林地产权安全感知四个维度的情况。

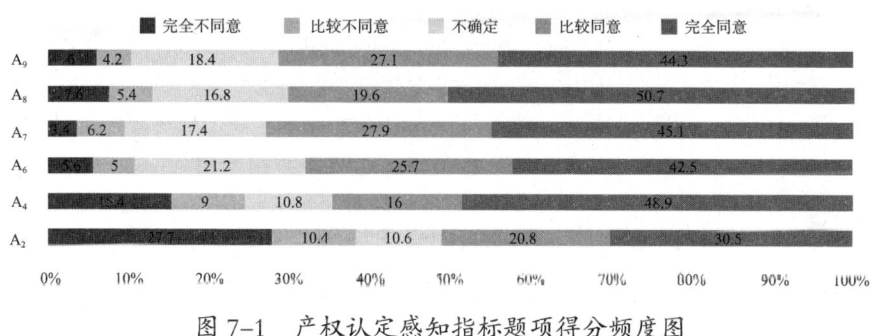

图 7–1　产权认定感知指标题项得分频度图

首先，经过信、效度检验之后，产权认定感知这一维度共有 6 个题项。由图 7–1 可知，"制定和实施林业政策时会征求你们的意见并与你们进行有效的沟通商量。"这一题项中完全同意和比较同意的被调查者比例仅为 51.3%，10.6% 的被调查者对此说法无法确定，还有 38.1% 的被调查者比较不同意和完全不同意"制定和实施林业政策时会征求你们的意见并与你们进行有效的沟通商量"的说法。由此可见，仍有不少林农认为制定或实施林业政策时相关部门并没有与林农进行有效的沟通。除此之外，产权认定感知维度的其他题项得分都比较高。其中，被调查者对"林权登记时对国有、集体、企业和个人的林权平等对待，不会歧视个人林权，而且会对每个人的产权都进行登记。"的满意度最高，大概有 73% 的被调查者是比较同意和完全同意这种说法的，仅有 3.4% 的被调查者表示完全不同意这种说法。另外，被调查者完全同意和比较同意"林业主管部门在林权登记时会到实地进行勘测，林权证所记载的内容与实地相符"说法的比例也比较高，占 70.3%。

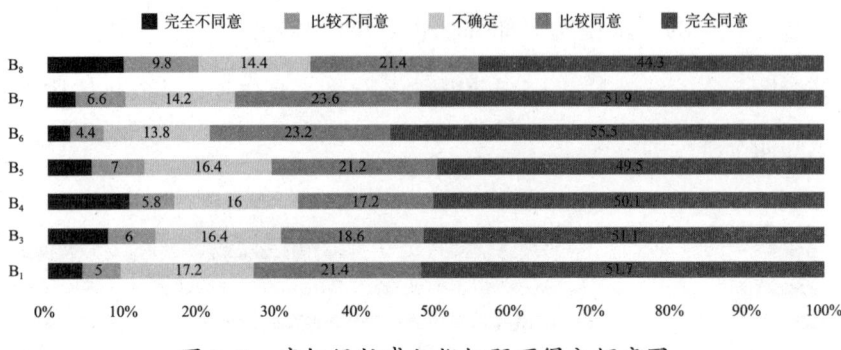

图 7-2　产权保护感知指标题项得分频度图

其次，产权保护感知这一维度共有 7 个题项。概括而言，产权保护感知各个题项的得分都比较高。由图 7-2 可知，被调查者对"合法的森林产权不会被单方面和不公正改变或废除"。等 7 个题项的说法完全同意和比较同意的比例均超过 60%，而完全不同意的比例都较低，其中被调查者对"在征用之前会对林地的征用范围及林种、树种、面积、蓄积等状况进行调查，农户能按规定得到公正而及时的补偿"的说法完全不同意的比例最低，仅为 3.2%。这说明当前林农对产权保护感知是比较强的，大部分农户都认为自家林地的相关产权是受到保护的，征占用林地将会得到公正补偿。

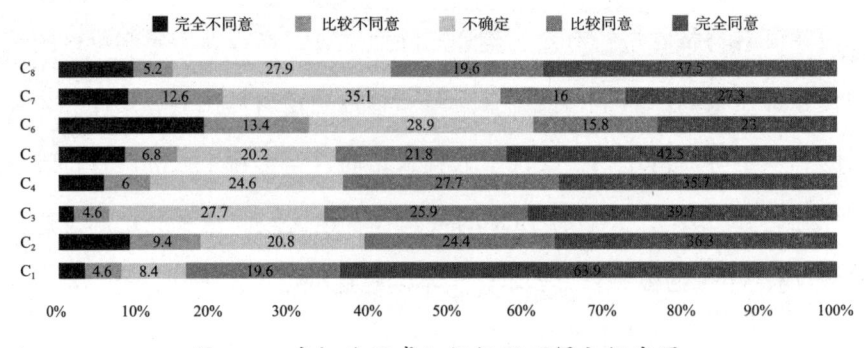

图 7-3　产权使用感知指标题项得分频度图

再次，由前文的信、效度检验结果可知，产权安全感知中第三个维度产权使用感知最终共有8个题项。如图7-3所示，被调查者对"只要合法经营而且不改变林地用途，如何使用林地是不受限制的"说法完全同意和比较同意的比例为83.5%，可见大部分农户对合法经营林地的权利是认可的。而对"森林采伐指标容易申请，且申请流程简单、操作方便""森林采伐指标的分配是公平合理的"及"公益林补偿合理且能够及时到位。"三个说法的认可度是比较低的。其中，对"森林采伐指标容易申请，且申请流程简单、操作方便"这种说法，仅有38.8%的被调查者比较同意和完全同意，有32.4%是比较不同意和完全不同意这种说法，还有28.9%的被调查者表示不确定。另外，有53.7%是无法同意"森林采伐指标的分配是公平合理的"的说法，这说明林农对森林采伐指标的使用感知是比较低下的。除此之外，也有超过40%的被调查者无法同意"公益林补偿合理且能够及时到位"的说法。总体而言，被调查者对产权使用安全总体感知水平不太高。

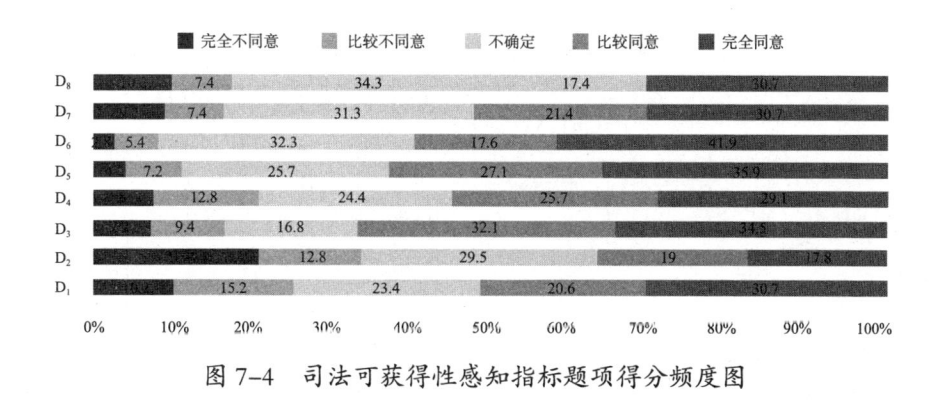

图7-4 司法可获得性感知指标题项得分频度图

最后，就司法获得性感知而言，经过信度和效度检验后共有8个题项符合要求。与产权安全感知其他三个维度相比，司法获得性感知维度各个题项的得分比较低。除了题项"当发生林权冲突时，在村里或林业主管部门的调解下就能够得到很好的解决"中比较同意和完全同意的被调查者比例较高外，其他题项比较同意和完全同意的比例均未超过60%。其中，被调查无法同意"林地产权受到侵害时解决冲突争端的办法很多"的比例为48.8%，仅有30.7%的被调查者是完全同意这种说法。完全同意"大多数地区已经建立独立的林权争议调处机构"说法的被调查者仅有17.8%。此外，45.2%的被调查者无法同意"当发生林权冲突和纠纷时林权争议调处机构能及时主动介入，工作效率很高"。另外，大于50%的被调查者无法同意"法律建立明确专门的机制以防止争端解决过程中发生的腐败行为。"总体而言，农户对林权受到侵害时的处理过程比较不乐观，对产权安全感知中的司法获得性的感知是比较弱的。

此外，除了对被解释变量产权安全感知的不同维度进行检验及描述分析之外，本小节还对影响产权安全感知的主要解释变量进行说明及描述，具体情况如表7-7所示。

表7-7 总样本的解释变量的特征

变量	定义	均值	标准差	最小值	最大值
制度环境变量					
是否有林权证	是=1，否=0	0.665	0.473	0	1
是否有承包合同	是=1，否=0	0.359	0.480	0	1
林地经营期限/年	/年	51.739	21.356	0	70
户主特征变量					
性别	男=1，女=0	0.938	0.241	0	1
年龄	/岁	54.335	11.266	25	90
受教育程度2（以小学及以下为参照组）	小学及以下=0，初中=1	0.443	0.497	0	1
受教育程度3	小学及以下=0，中专或高中=1	0.174	0.379	0	1

续表

变量	定义	均值	标准差	最小值	最大值
受教育程度4	小学及以下=0，大专或本科及以上=1	0.03	0.171	0	1
是否为干部	是=1，否=0	0.437	0.497	0	1
家庭特征变量					
家庭涉林打工人数	/人	0.216	0.567	0	4
家庭收入水平2（以低收入为参照组）	低收入水平=0，中等收入水平=1	0.705	0.457	0	1
家庭收入水平3（以低收入为参照组）	低收入水平=0，高收入水平=1	0.196	0.397	0	1
林业是否家庭的主要收入来源	是=1，否=0	0.238	0.426	0	1
林地特征变量					
林地距家的平均距离	/千米	2.483	2.665	0	30
林业面积	/公顷	81.123	463.909	0	9300
村级特征变量					
村干部的年龄	/岁	50.661	7.021	35	69
村干部的受教育程度	/年	9.694	2.266	3	15
村林权证发放的比例	/%	0.563	0.380	0	1
村林权证发放的年限	/年	19.342	19.691	0	50
地区	非主要林区=0，主要林区=1	0.699	0.459	0	1

3. 实证结果分析

本研究利用STATA12.0对产权安全感知影响因素进行回归分析，回归的结果如表7-8所示。

表 7-8　林农产权安全感知影响因素回归结果

	系数	文件性标准差	t 值	P 值
制度变量				
是否有林权证	0.546	0.264	2.07	0.039
是否有承包合同	0.001	0.006	0.17	0.864
林地的经营期限	0.355	0.269	1.32	0.188
户主特征变量				
性别	0.294	0.452	0.65	0.516
年龄	0.006	0.011	0.55	0.586
受教育程度 2（以小学及以下为参照组）	0.612	0.250	2.45	0.015
受教育程度 3	0.883	0.345	2.56	0.011
受教育程度 4	1.068	0.609	1.75	0.080
是否干部	0.516	0.223	2.31	0.021
家庭特征变量				
家庭涉林打工人数	−0.098	0.206	−0.48	0.634
家庭收入水平 2（以低收入为参照组）	0.325	0.388	0.84	0.403
家庭收入水平 3（以低收入为参照组）	0.232	0.448	0.52	0.604
林业是否家庭的主要收入来源	0.730	0.298	2.45	0.015
林地特征变量				
林地面积	−0.001	0.000	−3.66	0.000
林地距家的平均距离	0.000	0.052	0.00	0.999
村级特征变量				
村干部的年龄	0.031	0.018	1.74	0.082
村干部的受教育程度	0.080	0.051	1.56	0.119
村林权证发放的比例	0.399	0.333	1.20	0.231
村林权证发放的年限	−0.013	0.007	−1.72	0.087
是否为主要林区	0.307	0.266	1.15	0.249
常数项	10.448	1.583	6.60	0.000

注：由于部分农户的村级特征变量缺失，故此次回归有效样本为 441 户。

制度环境变量方面，与理论预期一致，农户拥有林权证对产权安全感知具有显著的正向影响。这是因为林权证是森林、林地和林木唯一合法的权属证书，权利人可以凭借此证对抗他人的一切非法侵权行为。另外，林权证还能够提供与财产所有者、使用者以及财产标的有关的信息，并借助国家法律手段给持证人的林地权利提供法律保护，增强农户的产权安全感。拥有承包合同以及林地经营期限两个变量对农户产权安全感知也均具有正向的影响，但影响并不显著。这表明林地承包合同作为农户行使林地使用权和收益权的重要法律凭证，对合同双方的行为范围与收益、成本具有约束作用，这在一定程度上会增强农户经营林地的产权安全感。但是签订契约合同的正式化过程一般耗时较长，使得双方的交易成本更高，而且林地的经营期限越长，林地变动和调整的可能性就越大，这些都是抵消林地承包合同和经营期限两个变量对产权安全感知正向影响的原因。

户主特征变量方面，性别对农户产权安全感知具有不显著的正向影响。这说明相对于女性而言，男性的行为能力更强，更易于保护林地，因此，男性具有更强的产权安全感。年龄对产权安全感知也具有不显著的正向影响，这一点与理论预期并不一致。这可能是因为农户年龄越大，对土地的依附力就越强，这将强化农户对林地的产权安全预期。农户受教育程度和农户为村干部两个变量的估计系数在模型中均为正向显著。这说明一方面受教育程度越高的农户，对外部事物的认识能力越高，越容易正确理解和吸收林业相关政策与信息，进而增强林农产权安全感知；另一方面，村干部因工作需要对林业政策会有更深入的认识，其政治地位优势更有助于获取政策帮助，从而更好地做出正确的林业政策，减少农户对将来林地的风险和不确定性的感知。

家庭特征变量方面，家庭涉林打工人数对农户产权安全感知具有不显著的负向影响。家庭从事林业的人员越多，表明农户家庭对林地需求和依赖性越强，那么林地征收和调整给农户家庭造成的损失和代价就越大，导致农户产权安全感知水平下降。家庭收入水平变量对农户产权安全感知有正向影响，但也不显著。家庭收入水平代表着农户家庭在村里的经济影响和社会地位，一般越富裕的农户越有信心和能力保护自家的林地，因此产权安全感就更高，这与理论预期也是相一致的。林业收入是否为家庭的主要收入来源是影响农户产权安全感知的重要变量，该变量的估计系数在模型中为正向显著。这是因为林地收入在农户家庭收入中的比重越高，表明家庭对林地的依附性越强，这也迫使其更加认真学习有关林地方面的政策、法规，越有信心面对未来林业法律政策的变化，极大地增强农户产权安全感知。

林地特征变量方面，林地面积变量的估计系数为负，且在1%显著性水平上显著不为零。这可能是因为，林地面积越大不仅会导致林地的边际收益下降，而且农户会认为自家林地将来被征收和调整的概率更大，从而导致农户林地产权安全感知下降。林地距家平均距离对农户产权安全感知具有微弱的负向作用。原因在于离家距离越远的林地，农户越无法很好地看护和管理，致使农户认为其林地产权不安全。

村级特征变量方面，村干部年龄的估计系数在模型中为正向显著不为零，表明村干部年龄越大，农户感知林地产权越安全，这可能是因为年龄越大，村干部传统的土地观念越深，更会尽可能不让林地受到调整，从而增强农户的产权安全感。村干部受教育程度越高，对政策的理解和执行就越到位，农户感知林地就越安全，因此该变量对产权安全感知具有不显著的正向影响。村林权证发放比例越高，越有利于农户对林地形成更高产权稳定预期，但是，村林权证发放年限越久远，农户认知的林权证所具备的法律约束力也就越淡化。因此，村林权证发放比例变量对农户产权安全感知具有不显著正向影响，而村林权证发放年限变量却对农户产权安全感知具有显著的负向影响。

此外，地区虚拟变量对农户产权安全感知具有不显著的正向影响，这表明相对非主要林区，主要林区的农户认为其林地产权更安全。为了进一步考察主要林区与非主要林区农户的产权安全感知影响因素是否存有差异，本研究分别估计出主要林区与非主要林区林农产权安全感知影响的回归结果，具体如表 7-9 和表 7-10 所示。

表 7-9 主要林区林农产权安全感知影响因素回归结果

	系数	文件性标准差	t 值	P 值
制度环境变量				
是否有林权证	0.226	0.322	0.70	0.483
是否有承包合同	0.234	0.297	0.79	0.432
林地的经营期限	−0.003	0.007	−0.44	0.659
户主特征变量				
性别	0.615	0.550	1.12	0.264
年龄	0.007	0.013	0.56	0.576
受教育程度 2（以小学及以下为参照组）	0.617	0.295	2.09	0.037
受教育程度 3	0.600	0.421	1.43	0.155
受教育程度 4	0.990	0.636	1.56	0.120
是否干部	0.486	0.260	1.87	0.063
家庭特征变量				
家庭涉林打工人数	0.141	0.236	0.60	0.549
家庭收入水平 2（以低收入为参照组）	0.344	0.453	0.76	0.449
家庭收入水平 3（以低收入为参照组）	0.245	0.509	0.48	0.631
林业是否家庭的主要收入来源	0.830	0.322	2.57	0.011
林地特征变量				
林地面积	−0.002	0.000	−4.41	0.000
林地距家的平均距离	0.005	0.065	0.08	0.935
村级特征变量				
村干部的年龄	0.014	0.020	0.67	0.504
村干部的受教育程度	0.056	0.062	0.90	0.368
村林权证发放的比例	0.065	0.411	0.16	0.875
村林权证发放的年限	−0.009	0.008	−1.24	0.214
常数项	12.149	2.009	6.05	0.000

表 7-10 非主要林区林农产权安全感知影响因素回归结果

	系数	文件性标准差	t 值	P 值
制度环境变量				
是否有林权证	0.911	0.620	1.47	0.146
是否有承包合同	0.551	0.677	0.81	0.419
林地的经营期限	0.023	0.009	2.63	0.010
户主特征变量				
性别	−1.067	0.713	−1.50	0.139
年龄	0.001	0.025	0.05	0.960
受教育程度 2（以小学及以下为参照组）	0.817	0.487	1.68	0.098
受教育程度 3	2.069	0.690	3.00	0.004
受教育程度 4	1.667	0.971	1.72	0.090
是否干部	0.551	0.430	1.28	0.204
家庭特征变量				
家庭涉林打工人数	−1.291	0.297	−4.35	0.000
家庭收入水平 2（以低收入为参照组）	0.154	0.843	0.18	0.855
家庭收入水平 3（以低收入为参照组）	−0.924	0.972	−0.95	0.345
林业是否家庭的主要收入来源	−0.531	0.556	−0.96	0.342
林地特征变量				
林地面积	−0.000	0.000	−2.81	0.006
林地距家的平均距离	0.044	0.082	0.54	0.593
村级特征变量				
村干部的年龄	0.066	0.047	1.42	0.160
村干部的受教育程度	0.101	0.093	1.09	0.281
村林权证发放的比例	0.999	1.301	0.77	0.445
村林权证发放的年限	−0.096	0.078	−1.22	0.226
常数项	9.051	2.682	3.37	0.001

从表 7-9、表 7-10 可以看出，主要林区和非主要林区回归结果的区别主要基于以下两个方面：

第一，制度环境变量方面，是否有林权证和林地经营期限两个变量对非主要林区农户的产权安全感知均具有正向显著影响，但是主要林区中是否有林权证和承包合同两个变量的估计系数在模型中为正向不显著，而且林地经营期限的估计系数为负数。这表明正式的制度因素对非主要林区农户产权安全感知的影响作用更大，可能是因为我国集体林业大多处于偏远封闭的贫困山区，政策的落实除了受到正式法律规范的影响以外，主要依靠地区传统习俗、乡规民约等非正式因素而形成的产权安排。而且正式化手段风险系数和交易成本较高，贫农难以通过这种途径获取市场交易的产权条件，因此，正式化手段更多地是为了迎合富农或农业精英的需要，在强化林地产权安全感知方面的作用是有限的。

第二，家庭特征变量方面，家庭涉林打工人数和林业是否家庭的主要收入来源两个变量对主要林区农户产权安全感知具有正向影响，且林业是否是家庭主要收入的影响是显著的。但这两个变量对非主要林区的影响是负向的，并且家庭涉林打工人数是显著的负向影响。原因可能是，主要林区地处偏远的贫困山区，如果家庭从事林业的人数较多，特别是当林业收入是家庭收入的主要来源时，表明家庭经营林地的规模越大，家庭对林地的依附性越强，从而增强农户产权安全感知。但是，在新型城镇化建设的背景下，非主要林区的劳动力大规模流入城镇已经是必然的结果，而且林业收入在家庭总收入中的重要性逐渐减弱也是不争的事实。当家庭农户理性面对边际收益在农业部门和非农部门之间的差异时，家庭涉林打工人数越多以及林业收入为家庭主要收入确实都会给农户带来产权的不安全感。

二、产权安全感知对农户林地投资的影响分析

近年来，森林资源的稀缺性日益加剧，已经引起社会各界的广泛关注。集体林地长期投资不足、经营效率低下是制约林区农民生活水平提高和农村

经济发展的重要原因之一，而强化土地产权安全，促进农户投资是提高水土资源利用效率、缓解资源退化的重要途径。多年来，我国相继制定并实施了一系列法律法规来保障林地资源的发展，一直致力于从正式的法律层面上来稳定农户林地承包关系，以强化林地产权安全。近十年的集体林权深化改革取得了明显成效，赋予了农户更完整的林地权利，激发了农民生产经营的积极性。尽管已有理论认为土地确权可通过保证效应、抵押效应和实现效应三条路径来激励土地投资。但是，根据传统的产权经济理论，确权并不是提高产权安全性的充分条件，只是提高产权安全性的必要条件和前提，现行国家赋权政策的执行与实际农户的产权现状存在很大差异。因此，强化林地产权安全，降低产权不安全引致的投资不足和绩效损失，是现阶段集体林权制度改革亟须解决的重要理论与经验命题。

众多学者针对土地产权安全与农户投资进行了大量的实证研究，但研究的结果并不一致。贝斯利（Besley，1995）指出，产权的稳定性有利于投资行为的增加，进而促进经济的发展。郜亮亮等人的研究也表明，稳定的农地产权对有机肥的投入具有正向作用。马里亚拉－卡布波（Kabubo-Mariara，2007）研究发现，土地征用的风险较低时，对包括有机肥料等在内的长期投资会增加。詹姆斯（James Wen，1995）认为土地调整会带来农户产权的不安全感，进而削弱了农民进行农业生产的积极性。马贤磊利用江西省农户调查的数据，分析发现稳定的农地能够激励农户自发的土壤保护性投资，从而有利于土地资源的可持续利用。吉登艳基于江西省农户调研数据，研究发现林地产权的完整性和农户产权安全性感知对农户林地投资具有重要影响。然而，有一些研究却认为产权安全与土地投资之间可能并无显著联系。陈铁等人以江苏省为例，通过研究发现产权安全对田间的投资并没有显著影响。霍尔顿和约汉内斯（Holden and Yohannes，2002）发现，农户对土地产权安全的感知对农场投资品的购买和常年生植物的种植不产生影响。王小军等人基于农户主观评价视角来分析林地产权改革对农户投资产生的影响，研究发现农户对税费制度改革的满意度对农户施肥和造林行为具有显著影响。

概括而言，现有研究取得了丰富的研究成果，为我们后续提供了良好的研究基础。但是，通过对文献的梳理，发现仍存在一些不足：一是大多研究的是农地产权安全与农地投资之间的关系，缺乏对林地产权安全与林地投资方面的研究，而林业具有生产周期长的特性，并且林地资源与附着其上的林木资源密不可分，因此不可完全沿用农地产权安全与农地投资的相关研究来解释；二是多数研究在选取产权安全指标时使用的是单一的综合指标，导致无法检验出不同土地产权安全对投资的影响效应及差异；三是更多地是关注土地产权安全与肥料使用之间的关系，而关于土地产权安全对农户资金投资（如种苗、化肥和农药）和劳动力投资（包括自投劳动力和雇佣劳动力）的综合影响效应的研究较少。鉴于此，本研究基于2017年福建省十个县（市）的农户调研数据，探讨产权安全性对农户林地投资的影响机制，为今后的林地产权制度改革和实现林地合理、高效利用提供政策建议。

（一）产权安全感知对农户林地投资的影响：理论分析

产权理论是经济学者研究土地产权安全的出发点。根据产权理论，产权的清晰界定和法律的有效保护是市场交易的前提。产权可以构建激励机制，并通过驱动资源配置状态的改变来调节资源的配置。产权的安全性是发展经济学的核心问题，是森林可持续经营和有效管理的重要因素。大量研究以及证明土地产权安全是激发农户投资激励的重要前提，是农户投资决策的关键影响因子，研究土地产权安全对土地投资的影响是广大经济学家关注的热点问题。阿尔钦和德姆塞茨（Alchian and Demesetz，1972）认为，产权是一种对剩余价值的索取权，是激励资源管理者努力监管的重要因素。贝斯利（Besley，1995）指出，稳定的产权有利于经济发展，因为只有在有明确回报的情况下投资才会活跃。产权能够通过排他性、减少不确定性、推动交易等功能促进权利主体的投资行为，有利于提高效率、增加产出。众多学者把土地权利持有时间作为土地产权安全的重要组成成分之一。只有当土地产权持有者在持有时间内愿意对土地进行投资并能够足额收回投资时，这样的土地持有时间才算足够长，土地产权才足够安全。对林地来说更是如此，林业生产周期长，投资见效慢，需要更长的林地使用期限才能保证经营者收回他所付出的全部投资并能从中获得收益。

产权安全感知直接作用于农户对土地的经营行为。农民对其当前或未来地权的信心度是其做出长期土地投资决定的核心因素。这是一种本能上的吸引力，因为要让农民能够收获其投资的成果，持有未来的土地产权是很有必要的。南方集体林区在集体林权制度改革之前历经数次产权合与分的变更。频繁的林地产权调整，使得农户对林改赋权政策缺乏信任，进而对农户长期林地投资激励产生不利的影响。理论影响机制上，已有研究认为土地产权安全可通过三条路径（保证效应、抵押效应、实现效应）激励土地投资：(1) 通过为投资者提供其成果不被政府、其他机构或个人侵占的保证来促进投资；(2) 安全的产权有利于土地成为抵押品而获取信贷，增加农户可用的投入资金，促使投资水平的提高；(3) 安全产权是通过允许投资者根据环境的变化适时地卖出或租出土地从而减少投资风险获取收益来实现的。2003年开始的集体林权制度改革赋予了农户更为完整的林地产权，增强了林农对林地使用权稳定性的理解。但是这种新的林权制度能否调动社会从事林业生产的积极性，激励社会力量扩大林业生产投入，解放和发展林业生产力？因此，本文将运用农户调研数据，分析产权安全性对农户林地生产经营投入的影响，并以此为基础对集体林权制度改革的初步绩效作出评价。

（二）模型设定

为了系统探讨农户产权安全感知对其林地投资行为的影响，本部分将分别考察农户产权安全感知对林地劳动力投入和资本投入的影响。具体模型设定如下所示：

$$A_{li}=al_0+a_{l1}P_{li}+\sum a_{li}X_{ji}+\delta_{1i} \quad (2)$$

$$A_{ki}=a_{k0}+a_{k1}P_{ki}+\sum a_{ki}X_{ji}+\delta_{2i} \quad (3)$$

其中 A_{li} 与 A_{ki} 分别表示林农 i 的林地年度劳动力收入量和资本投入量，P_i 是指第 i 个林农的产权安全感知水平，为关键解释变量；X_{ji} 是指可能影响林农劳动力投入和资本投入的其他控制变量。δ_{1i}、δ_{2i} 为残差。

（三）变量选择说明及描述性统计

（1）农户林地投资变量。一般来说，农户对土地的投入可分为"与特定地块相连的投入"和"与地块不相连的投入"两大类。第一类是指与特定地块投入相连的活动，这种投入一旦发生就无法转移，投资与特定地块不具有可分离性。比如农田基建、灌溉设施、建大棚、施有机肥等方面的投资；第二类是指与特定地块并不相连的投资活动。该投资发生后改变了特定地块的生产效率但可与其分离，转移到其他地块上。比如各种农用机械、运输工具、生产工具等方面的投资。费德等人（Feder et al.，1992）研究表明，土地产权安全性和稳定性不会影响与特定地块无关的生产性投资。而且，像修渠修路、灌溉设施、打井等田间投资又带有公共支出性质，即使产权安全性会对其产生影响，也不在我们讨论的农户投资范畴之内。与其他生产经营活动一样，林地生产经营投入要素主要包括劳动力、资本、技术等方面。由于农户在林地实际生产经营过程中很少有技术投入，因此，林地劳动力和资本就成为当前农户林地生产经营投入的主要生产要素。鉴于此，本文选取了农户对林地的年度劳动力投入（包括自投劳动力和雇佣劳动力）总人数和农户对林地的年度资本投入（包括种苗、化肥和农药）总额两个变量来衡量农户林地投资，并分别探讨农户林地产权安全对两者的影响效应。

（2）产权安全感知变量。该变量是本文研究关注的关键解释变量，与前面分析的一样，拟采取产权认定感知、产权保护感知、产权使用感知和产权的司法获得性感知四个维度来反映。由于产权安全感知与林地投资可能存在内生性问题，而且如果分别用这四个维度来衡量产权安全感知水平会产生多重共线性问题，因此，本研究选取每个农户的产权认定、产权保护、产权使用和产权司法获得性感知的总分作为农户的感知林地产权安全指标。已有研究证明产权安全感知有利于促进林地的投资行为。因此，预期农户产权安全感知对林地投资具有正向影响。

（3）户主特征变量。户主特征变量包括户主性别、年龄、受教育程度、是否为村干部、是否有金融机构任职的家人或亲戚以及是否接受过林业培训。对一般家庭来说，男性通常是一家之主，是家庭生产经营的主要决策者，因此假定男性对林地的投资较大。一般而言，受教育程度越高的农户可能会提高林地投入的效益预期，因此更倾向于增加相应的投入。但是受教育程度越高的农户越有可能从事非林就业，从而对林地投入产生负面影响。因此，预期户主的受教育程度对农户林地投资的影响具有不确定性。同样地，户主年龄与林地投资之间的关系也是模糊的。一方面，户主年龄越大，林地经营的经验就越丰富，再加上年龄越小越有可能从事非林活动，因此，预期户主年龄越大，越有可能增加投入；但另一方面户主年龄的增加又会导致体力和精力的衰退，进而减少林地的经营投入。户主为村干部一般对林业相关政策较为了解，并拥有较多社会资源，因此假定村干部更愿意进行林地投资。另外，预期是否有金融机构任职的家人或亲戚以及是否接收过林业培训对农户林地投资均具有正向影响。

（4）家庭特征变量。家庭特征变量包括家庭劳动力人数、家庭收入水平和家庭长期外出打工人数。一般来说，家庭劳动力人数越多，劳动力资源禀赋越大，进而越能增加家庭自主劳动力和化肥农药等资金方面的投入，但是会减少雇佣劳动力的投入。家庭收入是农户生产经营投入资金的主要来源，因此假定家庭收入水平对林地雇佣劳动力和资本投入具有正向影响。同样，家庭长期外出打工人数越多，预期对林地经营的雇佣劳动力投入和资金投入具有正影响，对自主劳动力投入可能具有负影响。

（5）林地特征变量。林地特征变量包括林地面积、林地块数以及林地距家的平均距离。作为林业生产的重要投入要素，林地经营面积对农户经营投资的重要性自然是不言而喻的。目前学界的观点并不一致，大多数观点认为林地面积越大，农户对林地投资的积极性就越高；但是，仍有一些研究认为林地面积与农户经营林业积极性之间呈负相关。因此，预期林地面积对农户林地投资的影响具有不确定性。一般而言，林地的块数越多，农户对林地的生产经营投入会越大。但是如果特定面积的林地块数越多，林地的细碎化程度就越高，会导致农户林地生产经营的成本越高，对林地投入产生负面影响。

林地离家的距离越大,越不利于林地的看护和管理,林地劳动力和资本投入的成本就越高,因此预期对林地投资产生负向影响。

(6)村级及区域特征变量。本研究选取村到乡镇的距离作为村级特征变量。如果村庄距离乡镇越遥远,越说明林业生产经营可能是农民重要的收入来源,预期农户会对林地投入更多。最后,还引入地区虚拟变量控制未观察到的因素对林地投资的影响。

表 7-11 被解释变量和解释变量的特征

	定义	均值	标准差	最小值	最大值
因变量					
资本投入量	万元/年	0.578	50.747	0	10.95
劳动力投入量	万元/年	1.761	55.140		9
自变量					
性别	1=男;0=女	0.938	0.241	0	1
年龄	岁	54.335	11.266	25	90
受教育程度 2	0=小学及以下;1=初中	0.443	0.497	0	1
受教育程度 3	0=小学及以下;1=中专或高中	0.174	0.379	0	1
受教育程度 4	0=小学及以下;1=大专或本科及以上	0.030	0.171	0	1
是否村干部	0=否;1=是	0.437	0.497	0	1
是否有在金融机构任职的家人或亲戚	0=否;1=是	0.078	0.268	0	1
是否接受过林业培训	0=否;1=是	0.319	0.467	0	1
家庭劳动力人数	/人	3.010	1.426	0	8
家庭长期外出打工人数	/人	0.790	1.111	0	6
家庭收入水平 2	0=家庭收入在村里属于低收入水平;1=中等收入水平	0.196	0.397	0	1
家庭收入水平 3	0=家庭收入在村里属于低收入水平;1=高收入水平	0.705	0.457	0	1
林地块数	/块	2.637	1.620	0	12
林地面积	/公顷	81.123	463.909	0	9300

续表

	定义	均值	标准差	最小值	最大值
林地距家平均距离	/千米	2.483	2.665	0	30
村到乡镇的距离	/千米	8.664	5.417	1	23.1
村林权证发放年限		19.342	19.691	0	50
地区	0= 非主要林区；1= 主要林区	0.699	0.459	0	1

* 为本部分的工具变量。

（四）模型估计方法

1. 内生性讨论

由于农户产权安全感知与林地投资行为可能互为因果，导致上述模型设定存在内生性问题。具体而言，产权安全感知直接作用于农户对林地的经营行为，农户对当前或未来林地产权的信心度是其长期林地投资决策的核心因素。但是，农户林地投资行为也可能通过安全反馈路径强化其自身的产权安全感知。此外，由于影响林农投资行为的因素很多，实证研究中往往存在一定遗漏变量使得模型估计出现偏差，而产生内生性问题。

为了解决上述模型的内生性问题，采取以下步骤：第一，在模型选择方面，借鉴格林（Greene，2003）的模型估计思路，采用两阶段最小二乘模型（2SLS）估计方法进行估计。2SLS 实质上是间接最小二乘法和工具变量法的组合，其考虑了系统中的内生性问题及误差项之间的相关性问题，这不但克服了间接最小二乘法不适用于过度识别的结构方程的缺点，而且避免了工具变量法中工具变量选取中可能存在的缺陷，因此相对于其他估计方法更为有效。2SLS 的第 1 阶段的功能是分离出内生变量的外生部分，利用 OLS 估计简化模型，将解释变量分别对工具变量做 OLS 回归，得到内生变量的拟合值。第2阶段则利用第1阶段得到的外生部分进行回归。内生变量用第1阶段所得的拟合值代替,再次利用OLS估计替代后的方程,得出二阶段最小二乘估计值。第二,解决内生性问题的另一关键在于工具变量的选择,即工具变量需同时满足相关性和外生性的要求。本研究借鉴饶芳萍(2015)研究基础上,根据实际研究情况,选取村级林权证发放年限作为林农产权安全感知的工具变量,较好地解决了模型的内生性问题。这是因为:首先,村级林权证发放年限与林农产权安全感知相关,这在农户产权安全感知影响因素回归分析中已经证实;其次,本研究认为村级林权证发放年限是通过影响林农产权安全感知水平进而影响其林业投资行为,其不会直接影响单个林农投资行为,即村级林权证发放年限与农户林业投资行为不相关,为此,本研究认为村级林权证发放年限是有效的工具变量。

2. 模型估计过程

关于产权安全感知对林农劳动力投入影响模型的估计,运用2SLS估计方程(4)、方程(5)。第一阶段引入工具变量本村林权证发放年限Z_1,用OLS估计方程(4),并获得产权安全感知的拟合值$\widehat{p_{li}}$;第二阶段将第一节阶段的拟合值引入方程(5),再次利用OLS进行估计。

$$P_{li} = \eta_0 + \eta_1 Z_1 + \eta_2 x_2 + \sum \eta_i X_{ji} \sum \eta_i X_{ji} + \delta 4_i \tag{4}$$

$$A_{li} = a_{l0} + a_{l1} \widehat{p_{li}} + \sum a_{li} X_{ji} + \delta_{5i} \tag{5}$$

关于产权安全感知对林农资本投入影响模型的估计,运用2SLS估计方程(6)、方程(7)。第一阶段引入工具变量本村林权证发放年限Z_1,用OLS估计方程(6),并获得产权安全感知的拟合值$\widehat{p_{w1}}$;第二阶段将第一节阶段的拟合值引入方程(7),再次利用OLS进行估计。

$$P_{wi} = \lambda_0 + \lambda_{w1} Z_1 + \sum_{\lambda wi} X_{ji} + \delta_{3i} \tag{6}$$

$$A_{wi}=a_{l0}+a_1\hat{p}_{wi}+\sum a_{wi}X_{ji}+\delta_{4i} \qquad (7)$$

（五）模型估计结果及分析

利用 stata12.0 分别对农户劳动力投入、资本投入进行估计，估计结果如表 7-12、表 7-13 所示。

表 7-12　产权安全感知对林地劳动力投入的影响 2SLS 估计结果

	系数	文件性标准差	Z 值	P 值
关键解释变量				
产权安全感知	14.361	6.931	2.07	0.038
控制变量				
户主特征变量				
性别	8.786	12.268	0.72	0.474
年龄	−0.019	0.187	−0.10	0.917
受教育程度 2	−6.968	4.756	−1.47	0.143
受教育程度 3	−2.409	7.808	−0.31	0.758
受教育程度 4	−8.179	11.955	−0.68	0.494
是否为村干部	17.485	6.446	2.71	0.007
是否有金融机构任职的家人或亲戚	4.903	7.720	0.64	0.525
是否接受过林业培训	−9.445	5.417	−1.74	0.081
家庭特征变量				
家庭劳动力人数	2.588	1.404	1.84	0.065
家庭长期外出打工人数	−4.592	2.022	−2.27	0.023
家庭收入水平 2	−9.578	10.199	−0.94	0.348
家庭收入水平 3	−10.949	10.783	−1.02	0.310
林地特征变量				
林地块数	1.623	1.417	1.14	0.252
林地面积	0.098	0.007	14.32	0.000

续表

	系数	文件性标准差	Z值	P值
林地距家的平均距离	−0.949	0.822	−1.15	0.248
村级特征变量				
村到乡镇的距离	−0.275	0.328	−0.84	0.402
地区	−1.743	5.837	−0.30	0.765
常数项	−179.014	93.799	−1.91	0.056
内生性检验	5.56796**			
识别不足检验（Kleibergen-Paap rk LM statistic）	7.689***			
弱识别检验（Cragg-Donald Wald F statistic）	10.603			
过度识别检验（Hansen J statistic）	0.000			

说明：(1) 内生性检验 x^2 零假设所有变量都是外生的。若拒绝原假设则说明变量产权安全感知是内生解释变量；(2) Kleibergen-Paap rk LM 检验的零假设是工具变量识别不足，若拒绝零假设则说明工具变量是合理的；(3) Cragg-Donald Wald F statistic 检验的零假设是工具变量为弱识别，若拒绝零假设则说明工具变量是合理的；(4) Hansen J statistic 检验的零假设是"工具变量为过度识别"，若接受零假设则说明工具变量是合理的。由于本文仅有一个内生变量，且只有一个工具变量，即是适度检验，这样 Hansen J statistic 检验就为 0。

表 7-13 产权安全感知对林地资本投入的影响 2SLS 估计结果

	系数	文件性标准差	Z值	P值
关键解释变量				
产权安全感知	8.790	4.722	1.86	0.063
控制变量				
户主特征变量				
性别	3.963	4.311	0.92	0.358
年龄	−0.035	0.117	−0.30	0.766
受教育程度 2	−2.617	2.405	−1.09	0.277
受教育程度 3	−3.899	3.777	−1.03	0.302
受教育程度 4	6.925	7.571	0.91	0.360
是否为村干部	9.533	4.432	2.15	0.031

续表

	系数	文件性标准差	Z 值	P 值
是否有金融机构任职的家人或亲戚	5.347	4.850	1.10	0.270
是否接受过林业培训	−3.612	2.992	−1.21	0.227
家庭特征变量				
家庭劳动力人数	0.565	0.747	0.76	0.449
家庭长期外出打工人数	−0.206	1.028	−0.20	0.841
家庭收入水平 2	−3.716	4.566	−0.81	0.416
家庭收入水平 3	−1.749	4.151	−0.42	0.674
林地特征变量				
林地块数	−2.385	0.892	−2.67	0.007
林地面积	0.108	0.012	8.77	0.000
林地距家的平均距离	0.622	0.533	−1.17	0.243
村级特征变量				
村到乡镇的距离	−0.202	0.198	−1.02	0.307
地区	−5.272	3.936	−1.74	0.100
常数项	−113.622	64.901	−1.75	0.080
内生性检验	4.10746**			
识别不足检验 （Kleibergen–Paap rk LM statistic）	7.737***			
弱识别检验 （Cragg–Donald Wald F statistic）	10.701			
过度识别检验（Hansen J statistic）	0.000			

说明:（1）内生性检验 x^2 零假设所有变量都是外生的。若拒绝原假设则说明变量产权安全感知是内生解释变量;（2）Kleibergen–Paap rk LM 检验的零假设是工具变量识别不足, 若拒绝零假设则说明工具变量是合理的;（3）Cragg–Donald Wald F statistic 检验的零假设是工具变量为弱识别, 若拒绝零假设则说明工具变量是合理的;（4）Hansen J statistic 检验的零假设是"工具变量为过度识别", 若接受零假设则说明工具变量是合理的。由于本文仅有一个内生变量, 且只有一个工具变量, 即是适度检验, 这样 Hansen J statistic 检验就为 0。

从产权安全感知对林地劳动和资本投入影响模型的工具变量检验（包括内生性检验、Kleibergen–Paap rk LM statistic 检验，Kleibergen–Paap rk LM statistic 检验，Cragg–Donald Wald F 检验以及 Hansen J 检验）结果可以看出，本研究所采用的村级林权证发放年限是有效的工具变量，能较好地解决内生性问题。

下面根据回归系数进行分析。

从产权安全感知变量来看，农户产权安全感知对林地劳动力投入和资本投入均产生显著的正向影响，这与我们的理论预期是一致的，即产权安全感的提高会促进农户林地生产经营投入的增加。在集体林权制度改革之前，南方集体林区经历了数次的产权变革，由于受到林地产权频繁调整的影响，农户对于能够长期经营划分到户的林地没有信心，因此倾向于减少林地的长期投入。而随着集体林改的全面铺开，赋予了林农更为完整的林地权利，农户对林地政策的稳定性预期明显增强，激发了农民生产经营的积极性。当产权所有者对自身财产权利的期望被合理地执行时，将会有更强的激励措施促使其长期进行资产投资。集体林权制度改革在法律上赋予了农户长期有效的保护林地承包经营权的权利，极大地增强农户对林地使用权稳定性的理解，这对于投资回报周期较长的林业来说尤其重要，承包者可以通过林地承包经营合同自主经营林地，并拥有林木的所有权。这符合集体林区广大林农的心理需求，激发了林地承包经营者的积极性和主动性，有效地增加了农户对林地的劳动力和资金投入。

户主特征变量中，户主性别对林地劳动力投入和资本投入的系数均为正，但是并不显著。这说明在一般家庭中，户主通常为男性，是家庭生活和生产的主要决策者，男性的个人特征直接影响到投资决策的结果。一般而言，相对于男性户主，女性户主在思想观念上较为传统和保守，因而男性倾向于投入更多的资源。年龄对林地劳动力和资本投入都具有不显著的负向影响。这是因为户主年龄越大，林地生产经营的能力越差，劳动力投入越小；同时，年纪越大，通过外出务工等其他途径获取收入的可能性越小，在资本投入方面变得更加小心谨慎，从而导致林地生产投入资金的积极性越低。农户为村干部对林地劳动力投入和资本投入均有显著正向影响，这可能是因为有村干部的家庭一方面对林改政策的理解较为全面，能够优先享受政策的优惠；另一方面也比较容易调动相关的资源，具有更多获得林权贷款的机会，从而可能会增加林地方面的劳动力投入和资本投入。是否接受过林业培训对林地劳动力投入和资本投入具有负向影响，且对劳动力影响系数为显著不为零，这是因为受过林业培训的农户往往具有较强的决策和判断能力，这会提高其林地生产经营的技术和管理水平，也就是说林业培训从某种程度上会提高林地劳动力和资本投入的效率，因此会减少林地生产经营投入的数量。另外，是否有金融机构任职的家人或亲戚变量对林地投入的影响为正向不显著。

家庭特征变量方面，家庭劳动力人数对林地劳动力投入的估计系数为正，且在10%水平上显著不为零，这是因为家庭劳动力人数一方面会增加林地自有劳动力的投入，但另一方面又会减少林地雇佣劳动力的投入数量，因此家庭劳动力数量对林地劳动力投入的影响方向和大小取决于两方力量的对比。在资本投入模型中，家庭劳动力数量对林地资本投入具有不显著的正向影响，这可能是因为农户家庭的劳动力数量越多，能够增加家庭的总收入，进而增加农户对林地的资本投入。家庭收入水平对林地劳动力投入和资本投入均有不显著的负向影响。这是因为伴随着城镇化进程的加速推进，林业收入在家庭收入中的重要性相对下降，而且，劳动力和资本投入要素在农业部门和非农部门之间的边际收益差异，导致农户投资林地面临较高的机会成本损失。同样地，家庭长期外出打工人数对林地劳动力和资本投入都有不显著的负向影响，这是因为随着我国城市化、城镇化的快速发展，每年都有大量的农户离开农村到城镇打工，大量的农村劳动力向城市转移，这就导致林地撂荒抛荒等现象逐渐凸显，削弱了农户对林地的生产经营投入。

林地特征变量方面，林地块数对劳动力投入具有不显著的正向影响，但是对资本投入有显著的正向影响。可能的原因是：一方面，林地块数越多，需要投入更多的自由劳动力，甚至需要雇佣更多的劳动力；另一方面，林地块数越多，导致林地地块更加细碎化和分散化，不利于大规模的林地经营管理，对林地投入产生负效应。从回归结果看出，林地面积变量对劳动力投入和资本投入估计系数都为正，而且均在百分之一水平上显著。这表明林地面积是影响农户林地投资的重要因素。由于林地面积越大越有利于形成规模经营，因此农户为了减少投入成本或实现规模经济，倾向于增加对大面积林地的劳动力和资本的投入。最后，林地离家的距离越远，林地管护的成本就越高，因此该变量对林地投资产生负向影响，这与我们的理论预期是相一致的。

三、产权安全感知对农户林地流转的影响分析

2008年开始的新一轮集体林权制度改革确立了农民对集体林地承包经营的主体地位，调动了广大林农经营林业的积极性。但是，集体林地承包到户之后，林地细碎化、经营兼业化甚至林地撂荒抛荒等现象逐渐凸显。另一方面，由于我国处于快速城市化、城镇化的发展阶段，每年都有大量的农户离开农村到城镇落户，大量的农村劳动力向城市转移，这就导致由谁来经营因农户离开农村和劳动力向城市转移后留下的林地的问题。解决这些问题需要通过林地流转，优化林地资源有效配置，以流转促进林地规模化经营，提高林地经营效率。为此，我国政府一直致力于从政策法律层面来促进林地流转。2015年1号文件《中共中央国务院关于加大改革创新力度加快农业现代化建设的若干意见》和2016年1号文件《中共中央国务院关于落实发展新理念加

快农业现代化实现全面小康目标的若干意见》中分别指出"充分发挥县乡农村土地承包经营权、林权流转服务平台作用，引导农村产权流转交易市场健康发展"和"完善集体林权制度，引导林权规范有序流转，鼓励发展家庭林场、股份合作林场"。2016年11月国务院发布的《关于完善集体林权制度的意见》中进一步强调明晰产权，鼓励集体林权有序流转，支持公开市场交易。

然而，尽管政府出台了多项促进林地流转的政策措施，但林地流转规模和速度仍然较低。根据《中国林业发展报告2015》，2014年全国累积发生集体林地流转面积0.152亿公顷，仅占已确权林地的8.43%。究其原因是多方面的，包括林地交易市场不完善、非农就业的不稳定性和林地附加价值低等。目前，既有研究主要从农户个人特征、家庭资源禀赋、人际关系和社会政策环境等方面来探讨影响林地流转的因素，鲜有学者将产权安全作为重要因素来加以分析。而且，在实践层面，现有政策主要关注林地产权的明晰环节对林地流转的影响，而关于产权安全对林地流转的影响没有足够的重视，因而在政策设计上重点放在如何明晰产权和如何给予政策扶持上。鉴于此，本文基于2017年福建省林改监测调研数据分析产权安全感知对农户林地流转的影响机理，为进一步增强提升产权安全感知水平与促进林地有效流转提供有针对性的政策建议。

（一）产权安全感知对农户林地流转的影响：理论解析

现有研究已证明农地产权安全会通过形成生产性效应、交易价格效应和交易成本效应来进一步影响农地的流转行为。首先，当产权所有人预期其拥有的财产权能够被有效地执行时，将会激励当事人生产经营的积极性，从而导致农民进行更高水平的农业投资和生产，有助于产权交易的实现。其次，安全的土地产权会刺激农民对土地市场需求，提高土地的市场交易价格，进而带来更好的土地市场运作。最后，产权安全感知水平的提高不仅会激励农户的农地投资，提高农地经营的边际收益，激励农户转入农地的需求，而且也有助于降低农地流转的交易成本，激励农户的转出意愿。在中央政府没有颁布农地确权政策之前，由于早期农地流转权受到限制，农户出租土地可能会被认为是无力耕种土地，从而其耕地会被村集体收回。这种产权的不稳定性降低了农户土地流转的意愿，同时，也由于农地流转权没有明确的归属，农户流转土地的行为并没有得到法律的保护，因此，农户流转土地还面临着租约到期难以收回土地的风险。《农村土地承包法》出台之后，尽管农地流转权被赋予了农户，但此时，由于存在"农地调整"，降低了农地产权的稳定性。这种不稳定性，降低了农户长期投资的预期，从而降低农地转入的意愿，而对农地转出农户来说，在地权不稳定的情况下，农户为了降低租约到期后收回土地的交易成本，也往往会将农地转给亲戚朋友耕种，甚至宁愿土地长期抛荒，从而降低农地的配置效率。

一项集体林地流转交易的完成需经过搜寻交易对象、评估林地和林木价格、谈判和签订交易契约、交易完成后的监督和反馈等过程，最终的林地流转结果则包括是否流转、流转主体、流转客体、流转契约、流转方式等方面。而林农产权安全感知势必影响林地流转并维持合约的费用及难度的判断，从而影响其林地流转结果。如果实施林地合同所需要的司法机关和相关制度不存在，转出的林地可能就难以按照事先约定如期收回，连片租入林地的农户可能会将林地铲平或更改地界，转出的林地也可能无法足额的收回。当农户流转中权益受到侵害时，相比转出户，非转出户显著地高估了参与土地流转并维持合约的费用和难度，而且增加农户林地流转合同的执行成本，降低流转的收益预期，降低林地转入的意愿和转入的规模。林地交易权不完整，只能短期转包，短期行为则会降低经过转包的林地的土壤质量，可能会降低农户转出林地的可能性并使他们倾向于尽快采取非正式的方式将林地转给值得信赖的人。因此，能否强化林地产权安全已成为促进林地有效合理流转的关键和难点。

(二) 变量选择和描述性统计分析

1. 变量选择说明

（1）林地流转变量。林地流转变量是本文研究关注的被解释变量，包括是否发生林地流转和林地流转水平。由于林地转出的农户一般选择离开农村到城镇就业落户，但是此次林改监测调研采用的是入户问卷调查方法，这就导致调研数据中林地转出农户样本数被低估。因此，本研究仅限于分析产权安全感知对林地转入决策（包括是否转入和转入面积两方面）的影响。

（2）产权安全感知变量。产权安全感知变量为本研究的关键解释变量。如前所述，拟选取每个农户的产权认定、产权保护、产权使用和产权司法获得性感知的总分作为农户的农户产权安全感知指标。本研究采用两组模型估计产权安全感知对林地流转的影响。第一组模型分析产权安全感知对林地是否转入的影响；第二组模型检验的是当已经发生林地转入时产权安全感知对林地转入面积的影响。鉴于产权安全感知指标对林地转入户和林地转入面积可能会有不同的影响效应，因此，农户产权安全感知对林地转入决策的具体影响需要运用经验数据做进一步检验。

（3）户主特征变量。户主特征变量包括户主年龄、受教育程度以及是否为村干部。一方面，农户年龄越大，身体条件和精力越有限，越是无力经营太多的林地；另一方面，年龄越大的人风险偏好就越低，越是喜欢在自己熟悉的领域里工作，林地转入的可能性也较低。因此，预期农户年龄对林地转入决策具有负向影响。户主的个人能力和素质对林地的生产经营决策产生重要影响。一方面，户主文化程度越高，获取知识信息和学习新技术的能力就越强，进而增强农户的产权安全感知，使得他们越有可能从他人手里转入林地；另一方面，如果受教育程度越高，农户外出就业的可能性就越大，其转入林地的可能性就越小。因此，预期受教育程度对林地转入的影响具有不确定性。户主若为村干部会更加了解与林业相关的政策和信息，拥有更多的社会资源，更有机会进行林地流转。但是，与其他人相比，村干部也需要投入更多的时间和精力处理村级事务，从而减少林地转入的可能性，因此，预期此变量对林地转入的影响不确定。

（4）家庭特征变量。本文选取家庭劳动力数量、家庭收入水平和家庭长期外出打工人数作为衡量家庭特征的主要变量。家庭劳动力人数越多，家庭对林地的需求就越大，对林地的依附性就越强。因此，预期家庭劳动力数量对林地转入具有正向影响。家庭的收入水平直接影响着林地的生产经营决策。家庭收入越高，自身物质保障能力就越强，这说明家庭更不需要通过流出林地获取急需资金，而且还可能有闲置资金从别人手中流入林地，因而预期家庭收入对林地流入具有正向影响。一般而言，家庭长期外出打工人数越多，表明他们就越无力在家从事大规模的林地生产经营，林地流入的可能性就更低，因此，预期该变量对林地转入具有负向影响。

（5）林地特征变量。林地特征变量包括林地面积、林地块数以及林地距家的平均距离。林地面积越大，越有利于形成规模经营，因此，农户更倾向于通过增加林地的转入来实现规模经济效应。一般而言，特定面积上的林地块数越多，表明林地细碎化程度越高。而且，林地块数越多，使得农户对林地的经营就越分散，导致林农经营管理的精力和信心越不足，从而降低林地转入可能性和林地面积。另外，预期林地距家平均距离变量对林地转入具有负向影响。

（6）村级及区域特征变量。本研究选取村到乡镇的距离作为村级特征变量。村庄离乡镇越远，表明林业生产经营越可能是农民重要的收入来源，预期农户更有可能转入林地。最后，还引入地区虚拟变量控制未观察到的因素对林地转入决策的影响。

2. 样本介绍和描述性统计分析

表7-14 农户林地流转行为和规模情况

农户林地流转行为			农户林地流转规模	
项目	户数/户	比例（%）	项目	面积/公顷
流转行为	47	9.4	流转面积	740.236
流入行为	28	5.6	流入面积	543.836
流出行为	19	3.8	流出面积	196.4

从表7-14看出，总体样本农户500户，发生林地流转行为的农户有47户，占样本农户总数的9.4%。其中，有林地流入行为的农户28户，占5.6%，高于林地流出行为的有19户，占3.8%。林地流转总面积为740.236公顷，其中，林地流入面积为543.836公顷，远高于林地流出面积的196.4公顷。

除了对流转的样本进行介绍，本小节还对影响农户林地转入的主要解释变量进行说明及描述，具体情况如表7-15所示。

表 7-15 被解释变量和解释变量的特征

	定义	均值	标准误差	最小值	最大值
因变量					
是否转入林地	0=否；1=是	0.0579	0.234	0	1
林地转入面积	/公顷	16.283	269.278	0	5970
关键解释变量					
产权安全感知	产权安全感知四个维度值的总和	15.382	2.404	7.056	20
控制变量					
年龄	/岁	54.335	11.266	25	90
受教育程度 2（以小学及以下为参照组）	0=小学及以下，1=初中	0.443	0.497	0	1
受教育程度 3	0=小学及以下，1=中专或高中	0.174	0.379	0	1
受教育程度 4	0=小学及以下，1=大专或本科及以上	0.030	0.171	0	1
是否干部	1=是，0=否	0.437	0.497	0	1
家里劳动力数	/人	3.010	1.426	0	8
家里外出打工人数	/人	0.790	1.111	0	6
家庭收入水平 2（以低收入为参照组）	0=低收入水平，1=中等收入水平	0.705	0.457	0	1
家庭收入水平 3（以低收入为参照组）	0=低收入水平，1=高收入水平	0.196	0.397	0	1
林地面积	/公顷	81.123	463.909	0	9300
林地块数	/块	2.637	1.619	0	12
林地距家的平均距离	/千米	2.483	2.665	0	30
村到乡镇的距离	/千米	8.664	5.417	1	23.1
地区	0=非主要林区，1=主要林区	0.699	0.459	0	1
村级林权证发放年限 *	/年	16.665	11.930	0	50

注：* 为本部分的工具变量。

（三）模型识别与估计方法

因变量林地转入决策包括林地是否转入和林地转入面积两个方面。因此，本研究估计两组模型。鉴于林地是否转入为二分选择变量，故第一组采用 Probit 模型进行检验。林地转入面积是受限因变量，在其取正值时是连续变量，但如果农户没有发生林地转入行为，就会存在取值为零的情况，因而该分析存在因变量的截断问题，一旦因变量观察值为零，样本有偏选择问题就会随之出现。因此，第二组采用 Tobit 模型来分析产权安全感知对林地转入面积的影响效应。

第一组模型具体表达如下：

$prob(TRN=1)=a_0+a_1P_i+a_2x_1\cdots+a_kx_{k-1}+\varepsilon$

式中 TRN=1 表示有转入，TRN=0 表示没有转入。P_i 为关键解释变量林农的产权安全感知水平，其他控制变量主要包括户主特征、家庭特征及林地禀赋特征等，ε 为随即误差项。

第二组模型如下：

$$y_i^*=ax_i+a_i$$
$$y_i=y_i^* \quad if \quad y_i^*>0$$
$$y_i=0 \quad if \quad y_i^*\leq 0$$

式中 y_i^* 是为潜变量，y_i 为观察到的因变量，指的是林地转入面积。X_i 为自变量向量。β 为相关系数向量，μ_i 是随机误差项。y_i^* 的所有负值定义为 0，是指因变量数值在 0 处出现了左截取，并非把观测到的 y_i^* 的 0 值情况从样本中直接删除。

由于林农产权安全感知与林农转入林地行为可能互为因果，这可能导致上述模型设定存在内生性问题。具体来说，产权安全感知直接作用于农户对林地转入行为。农民对当前或未来林地产权安全的信心度是其转入林地、扩大经营规模的核心因素。这是本文关心的因果关系，然而，农户林地转入行为也可能通过安全反馈路径影响农民自身的产权安全感知。此外，由于影响林农转入行为的因素很多，实证研究中往往都是存在一定遗漏变量而使得模型的估计出现偏差，导致内生性问题。因而，农户产权安全感知与其转入林地之间可能存在内生性问题，将导致计量结果存在有偏差。

村级林权证发放年限变量对农户产权安全感知水平具有显著的影响（这一点已在农户产权安全感知影响因素的回归分析中得到证实）。而且，本研究认为村级林权证发放年限变量是通过影响农户产权安全感知水平进而影响其林地流转行为，但村级林权证发放年限长短并不会直接影响单个林农林地转入行为，即村级林权证发放的年限与林农流入行为不相关，为此，本文认为村级林权证发放年限是有效的工具变量，可以尝试解决产权安全感知与林农林地流入行为（包括是否转入与转入面积）之间存在内生性问题。若检验结果表明存在内生性问题，则采用工具变量的 IVProbit 模型及 IVTobit 模型进行估计，否则应使用普通的 Probit 模型及 Tobit 进行估计。

（四）估计结果及分析

由表 7-16 可知，产权安全感知对林地是否转入影响估计模型的内生性问题检验 Wald Test 的 P 值为 0.027，表明产权安全感知与林农林地流入行为确实存在内生性问题，故第一组拟采用工具变量的 IVProbit 模型进行估计；同理，由表 7-17 可知，产权安全感知对林农流入林地面积影响估计模型的内生性问题检验 Wald Test 的 P 值为 0.051，表明产权安全感知与林农林地转入面积也存在内生性问题，故第二组拟采用工具变量的 IVTobit 模型进行估计。回归结果分别列于表 7-16 和表 7-17。

表 7-16　产权安全感知对林农是否转入林地影响的 **IVProbit** 回归结果

	系数	文件性标准差	z 值	P 值
产权安全感知	0.719	0.129	5.59	0.000
年龄	−0.001	0.011	−0.07	0.942
受教育程度 2（以小学及以下为参照组）	0.354	0.379	0.93	0.351
受教育程度 3	0.264	0.501	0.53	0.599
受教育程度 4	0.868	1.168	0.74	0.457
是否为干部	−0.448	0.245	−1.82	0.068
家里劳动力数量	0.130	0.113	1.15	0.250
家里外出打工人数	−0.190	0.144	−1.32	0.187
家庭收入水平 2（以低收入为参照组）	−0.549	0.356	−1.54	0.123
家庭收入水平 3（以低收入为参照组）	−0.537	0.575	−0.93	0.351
林地面积	0.000	0.000	1.17	0.243
林地块数	0.088	0.085	1.03	0.302
林地距家的平均距离	−0.011	0.041	−0.27	0.788
村到乡镇的距离	0.123	0.060	2.04	0.041
地区	0.260	0.508	0.51	0.609
常数项	−12.424	2.040	−6.09	0.000

表 7-17　产权安全感知对林农流入林地面积影响的 **IVTobit** 回归结果

	系数	文件性标准差	z 值	P 值
产权安全感知	228.165	115.815	1.97	0.049
年龄	−0.935	4.542	−0.21	0.837
受教育程度 2（以小学及以下为参照组）	54.613	105.317	0.52	0.604
受教育程度 3	86.257	156.640	0.55	0.582
受教育程度 4	111.667	265.946	0.42	0.675
是否干部	−158.621	108.729	−1.46	0.145
家里劳动力数量	28.941	31.826	0.91	0.363
家里外出打工人数	−44.063	40.893	−1.08	0.281
家庭收入水平 2（以低收入为参照组）	−137.043	137.221	−1.00	0.318

续表

	系数	文件性标准差	z 值	P 值
家庭收入水平 3（以低收入为参照组）	−142.049	221.070	−0.64	0.521
林地面积	0.635	0.0337	18.82	0.000
林地块数	−34.185	32.967	−1.04	0.300
林地距家的平均距离	−0.492	12.471	−0.04	0.969
村到乡镇的距离	41.064	12.552	3.27	0.001
地区	83.094	137.112	0.61	0.544
常数项	−3879.846	1897.541	−2.04	0.041

1. 产权安全感知对农户林地转入决策影响的讨论

表 7-16 和表 7-17 分别反映了产权安全感知对林地是否转入和林地转入面积的影响效应。模型估计结果表明，产权安全感知变量对农户林地转入可能性的估计系数为正，且在 1% 水平上显著不为零。同时，产权安全感知变量也在 5% 的水平上正向影响着林地转入的面积。这说明产权安全感知变量对农户是否转入林地以及林地转入面积均具有正向的促进作用，这与陈珂等人论证的农户拥有林权证会正向促进林地流入和负向抑制林地流出的结论是一致的。首先，农户对林地产权安全感取决于他们对其所处的产权环境的主观评价。2003 年集体林权制度改革之后，林地确权发证能够保护资产拥有者的未来收益不受其他人的剥夺，从而增加未来收益的期望，在一定程度上降低了农户经营林地的风险，从而增加农户转入林地的可能性。而且，2008 年出台的《关于全面推进集体林权制度改革的意见》中规定林地承包期为 70 年，这对林地的转入具有积极的促进作用。这是因为承包经营期的长短在某种程度上反映了农户承包经营关系的稳定性，提高农户对林地经营的预期，因此，承包期越长不仅能有效激励当事人生产经营的积极性，而且会降低林地流转契约的执行成本，有助于产权交易的实现，增加农户转入林地的可能

性和林地转入的面积。其次，农户产权安全感来源于对未来产生林地财产纠纷的恐惧感，因此，农户是否签订林地承包合同以及是否签订书面流转合同对产权安全感具有重要影响。林地承包合同是农户行使使用权和收益权的重要法律凭证，现实中如果签订林地承包合同代表着对双方的行为范围与收益、成本更具有约束作用，这在一定程度上会增强农户经营林地的产权安全感，促进林地合理有效地转入。同理，签订林地书面流转合同能够减少农户之间的林地流转纠纷，降低林地流转契约的履约成本，增强林农产权安全感，进而增加农户转入林地的可能性和转入的面积。

2. 其他控制变量对农户林地转入影响的讨论

（1）户主特征变量方面

户主年龄对林地是否转入和林地转入面积均具有不显著的负向影响。这说明户主年龄越大，由于受身体条件的限制，更倾向于在熟悉的领域从事低强度的劳动，有的甚至赋闲在家，因此，林地转入的可能性和规模就越小。受教育程度对农户林地转入行为和转入面积均有不显著的正向影响。这可能是因为，受教育程度越高的农户越容易接受和使用林业新技术，越有利于提高其林地生产经营的能力，从而增加农户转入林地的可能性和转入的面积。农户是否为村干部变量对林地是否转入和林地转入面积的估计系数都为负，而且该变量对林地是否流转的影响在10%水平上显著。这表明农户为村干部能够了解更多的林业政策和信息，拥有更多的社会资源，但是也会因村里事务无暇顾及林地经营或者以家庭兼业的形式从事林业劳动，因而林地转入概率和转入面积均减少。

（2）家庭特征变量方面

家庭劳动力数量对林地转入行为和林地转入面积均具有不显著的正向影

响,这是由于家庭劳动力人数越多,农户对林地的需求就越大,对林地的依附性就越强,这与理论预期是相一致。家庭收入水平对林地转入概率和林地转入面积均具有不显著的负向影响,而对林地转入的面积具有不显著的正向影响,这可能是因为调查区域的林地投资经营的收益较低,农户倾向于把投资转向收益更高的其他领域,从而减少林地转入的可能性。由于林地投资收入占家庭收入的比重较小,不易受到家庭成员的重视,林地转入的面积也随之下降。家庭长期外出打工人数越多,表明家庭涉林劳动力人数越少,不利于大规模的林地生产经营,农户林地转入概率和规模就越小。

(3) 林地特征变量方面

林地面积变量对林地转入概率具有正向影响,但并不显著,而林地面积变量则在1%的水平上正向影响农户转入林地的面积。林地面积越大,说明农户进行林地规模经营的意愿更强,因此,农户更倾向于通过增加林地的转入来实现规模经济效应。林地块数变量对农户转入林地的可能性具有不显著的正向影响,但是对林地转入面积具有不显著的负向影响,这与理论预期并不一致。可能是因为特定面积上的林地块数越多,林地的细碎化程度就越高,对于有意从事林地生产经营或林地资源较为集中的农户来说,越有可能通过增加林地转入扩大经营规模以提高经济效益。然而,随着农户转入林地数量增多,由于林农时间和精力有限,因此只能降低林地转入的面积。最后,林地距家的平均距离变量对林地是否转入和林地转入面积都具有不显著的负向影响。这可能是因为林地交通条件是农户转入林地时必须考虑的条件之一,因此,离家越近的林地越符合农户林地转入的需求。

(4) 村级及区域特征变量方面

从回归结果看,村到乡镇的距离与林地是否转入和林地转入面积均具有显著的正向影响。可能是因为，偏远山区的农户主要以林业经营和收入为主，因此农户更有可能通过转入更多的林地来扩大林地经营规模。最后，主要林区的农户更有可能转入林地。

四、本章小结

本章首先运用因子分析方法对农户产权安全感知水平进行总体性评价。其次，在理论分析的基础上，运用多元回归分析方法实证检验农户产权安全感知的主要影响因素，并进一步利用2SLS、IV Probit、IV Tobit模型分别考察产权安全感知对林地投资和林地流转的影响机理。研究发现：(1)关于农户产权安全感知影响因素方面，农户拥有林权证能显著增强农户对集体林的产权安全感。农户受教育程度和农户是否为村干部两个变量对农户产权安全感知均具有显著的正向影响。林业收入在家庭收入中的比重对农户产权安全感知具有显著的正向作用，而林地面积变量对农户产权安全感知有着显著负向影响。此外，村干部年龄的估计系数在模型中为正向显著不为零，村林权证发放年限变量对农户产权安全感知具有显著的负向影响；(2)关于产权安全感知对林地投资影响方面，农户产权安全感知对林地劳动力和资本投入均具有显著的正向影响。这说明产权安全感的提高会明显提高农户对林地的生产经营投入。家庭劳动力人数对林地劳动力投入的估计系数显著为正，而是否接受过林业培训变量对林地劳动力投入具有显著负向影响。此外，研究还发现，农户是否为村干部、林地面积等变量对农户林地劳动力和资本投入均有显著影响；(3)关于产权安全感知对林地流转影响方面，产权安全感知变量对农户林地转入可能性和林地转入面积均具有显著的正向影响。农户是否为村干部变量对林地是否转入的估计系数显著为负。另外，村到乡镇的距离变量对林地是否转入和林地转入面积均具有显著的正向影响。

第八章 主要研究结论及政策启示

本文首先基于 Van Gelder 的三维产权安全分析模型,构建集体林法律、事实和感知产权安全性评价的理论分析框架;其次,在研究总体框架下,从产权经济学关于产权基本权能和利益出发,从理论上分析完备的集体林产权应有的产权结构和基本权能,并从法经济学角度探讨《宪法》《土地管理法》等上位法与集体林主要政策制度之间的法律冲突;接着,选取福建、湖南等地的一些典型的集体林权纠纷案例,从地方非正式制度、村庄产权实践、集体林地征占用等实际情况出发,分析集体林产权法律规范与实际执行之间冲突的情况、原因,并对冲突程度进行相应的评价;最后,基于福建省 10 个县、市 500 个农户的调研数据,采用计量经济方法实证分析影响农户产权安全感知的主要因素,并分别检验农户产权安全感知对林地投资行为和林地流转行为的影响。这不仅有助于我们更为系统地理解集体林产权安全性现状以及产权安全对林业经济行为的影响,而且也为今后相关领域的研究拓展了思维空间。

一、主要研究结论

(一)尽管我国已制定了《物权法》《土地管理法》《农村土地承包法》《森林法》及实施细则,对集体林产权主体权力规范和产权权能的界定在法律上也进行了一系列规定。但是，从当前集体林产权实际情况来看，相关法律在产权主体、权能界限和使用权流转市场等方面的规定并没有明确化和具体化，相关政策规定和执行与法律规范不一致现象仍然存在，这样极易引起不必要的林权纠纷。而且，由于我国林业法律法规发展的滞后性和零散性，集体林改中关于林权的法律规定并不完全一致，从而导致集体林木所有权、林地承包经营权流转、公益林征用补偿权等方面的法律与政策之间存在一定冲突。因此，变革与创新林业法律制度已成为当前集体林权制度改革的重要任务之一。

（二）集体林产权法律规范与产权法律规范实际执行存在差距。即产权保护和行使存在问题，特别是经常受到行政权力的影响，产权收益减少或被剥夺。这会增强农户对集体林产权的不安全感，进而不利于林农的生产经营行为。从长期的林改实践来看，集体林改既要考虑林业本身的特殊属性，也要兼顾不同时期的产权变革以及农户对林地利用的传统认知。但是现实并非如此，集体林权制度改革历来都是全国性的、自上而下的统一变革，其改革的内容往往与当地传统产权认知和规则相矛盾，这不仅加大了制度运行的成本，而且也阻碍了林改目标的实现。另外，由于国家和限制性公共领域的存在，导致集体林地征占用法律规范与政策执行出现偏差，极大地损害了林农在征地中的合法权益。

（三）差异化的产权环境导致农户的产权安全认知出现偏差，农户和经营者对集体林产权安全感知水平比较低。集体林改后，林地确权发证使得林农可以对抗他人的一切非法侵权行为，给持证人的财产权利提供法律层面上的保护，显著地提高了林农的产权安全感知水平。农户的文化程度和社会地位越高，对林业政策的理解和吸收就越到位，越有利于增强农户的产权安全感。

林业收入在家庭收入中的比重是影响农户产权安全感知的重要因素，其对农户产权安全感知具有显著的正向作用。最后，如果农户经营林地的面积越大，就越是担心因林地征收和调整而失去家庭收入的主要来源，极大地降低了农户的产权安全感。

（四）农户产权安全感知对林地劳动力和资本投入均具有显著的正向影响。这说明一般情况下如果特定的产权关系越稳定，产权的界定越清晰，就会给产权持有者带来越多的经济收益预期，进而激发林农的投资行为。但是，在我国现有的集体林产权制度下，法律赋予林农的权利并不是真正意义上的完整产权，在多大程度上符合农户内心的完整性赋权行为认知并不确定，导致农户对正式的国家赋权制度缺乏信任和认可。此外，研究还发现，农户是否为村干部、是否接受过林业培训、林地面积等变量对农户林地劳动力和资本投入均有显著影响。

（五）产权安全感知变量对农户林地转入可能性和林地转入面积具有显著的正向影响。这说明农户产权安全感知水平越高，将会提高其对所经营林地未来收益的期望，从而提高农户转入林地的积极性。而且产权安全感知对农户的生产经营行为有着直接的影响，加强对农民权益的尊重和保护会有利于营造稳定的经营环境和有序的流转环境。产权的行使和保护将会提升农户的排他能力，有利于稳定农户林业收益，降低林地产权排他成本，并最终提高农户的林地收益和流转收益的预期。

二、政策启示

基于以上研究结论，本文提出以下几点政策建议，旨在为今后政策的制定建立识别和瞄准机制，使政策更具有目标指向性和准确性，为更好地实现林改的预期目标，提供科学合理的决策支持。

（一）加快修改和完善林业法律法规，确保集体林产权结构完整化。现行法律如《物权法》《土地管理法》以及《农村土地承包法》等大多以耕地为范本来设计产权制度，而林业投资收益周期长、交易成本高、生态效益目标等特点决定了集体林业的发展需要制定不同于农业和耕地的法律制度。我国林业的立法相对滞后，相关法律法规对集体林产权缺乏深入细致的规定。因此，未来应加快修改和完善现行林业法律法规，使原则性的国家政策上升为正式的法律制度。只有用法律语言对国家政策进行梳理，才能确保集体林产权结构经济逻辑与法律逻辑之间的一致性，为深化集体林权制度改革提供法律支撑。

根据物权理论，林地承包经营权属于他物权中的一种新型用益物权，但是现实中集体林地承包经营权并不稳定，经常出现行政性统一调地的现象，其物权性质在我国土地制度中被大量限制，是一种不完整的物权，集体林地产权的安全性受到很大的挑战。因此，应在物权法的基础上进一步明晰林业的所有权主体，充分理解林地承包经营权的内涵，并明确承包权和经营权之间的法律关系；放宽森林限额采伐制度，明确界定公共利益范畴，提高征收补偿标准，切实保障林农收益；从法律上落实集体林地的抵押权，修改限制林权抵押的相关条款，为林业的发展提供更大的空间。

（二）尊重和吸收集体林区本土化经验，提高正式产权制度的可信度。产权的交易不仅取决于法律的明晰，在实际实行过程中更依赖于社会及其道义的支持。理论上一个健全的法制社会可以设计并实施完整的、安全的产权结构，然而产权的充分界定、行使以及对产权行为的监督等是要花费成本的，这就需要通过法律之外的力量来克服"搭便车"，以有效地降低产权的交易成本。因此,集体林产权法律政策关于集体山林的划分应尊重和认可当地的乡规民约或习惯做法,协调非正式自主治理对提高国家赋权制度的执行效率,提高正式产权制度的可信度,使之不但获得农民首肯,而且与地方非正式自主治理目标相一致,进而形成合法、合理和合意的集体林产权制度体系。南方集体林区信息较为闭塞,当地农民具有较为丰富的经营林业的本土化经验,其中包含不少高效而成熟的产权界定与保护的知识与规则。集体林产权制度改革应充分尊重各地传统产权的知识与规则,以立法的方式吸纳其合理成分并转化为法律制度的有机组成部分,以此达到降低制度设计成本和实现集体林业可持续发展的改革目标。

(三)充分了解和重视林农经营决策的意见,提高农户产权安全感知水平。产权的功能主要体现在对产权主体的约束和激励,从而实现对稀缺资源的优化配置,而农户对集体林产权安全的主观感知是影响其林业经营行为的最直接因素。只有将农户的产权安全感知作为研究的核心因素才能更好地理解他们的土地行为。集体林正式的法律法规执行低效,难以发挥对集体林产权的保护,由此衍生农户和经营者对集体林产权的不安全感。因此,相关部门在制定和实施林业政策时应充分了解和重视农户和经营者的意见,避免政策宣传和执行不到位引起农户产权安全认知上的偏差,并通过协调全国性与地方性法规的方式赋予社区和农民一定的产权决策权,实现统一性和本土化的有机结合。同时,政府应积极创造良好的集体林产权保护制度和环境,提升农户对集体林产权安全感知水平,并充分调动广大林农开发、保护和利用森林资源的积极性和主动性,有效地保护林农的合法权益,促进林业资源的优化配置,从而保障林业的可持续发展。

(四)进一步稳定集体林地承包经营关系,促进林地的生产经营投入。集体林产权不是一种绝对意义上的私有产权，林权的行使要受到诸如采伐限额等行政许可制度以及公共利益的限制。产权的安全性首先依赖于法律上的强制性赋予，然而，集体林地缺乏明确稳定的产权所有人，林地使用权的权能存在缺陷，农民所拥有的林地不是通过市场交易而来的，具有浓厚的行政色彩，难以保证产权主体具备平等地位，产权的责权利并不清晰。同时，虽然法律和政策文件均有明确规定林地的承包期限，但频繁的林地调整以及严格的林地使用审批程序加大了林地使用权的不稳定性，增加了农民的不安全感，因此，未来集体林权制度改革应进一步强化林地确权发证，稳定集体林地的承包关系，消除由于产权不安全给林地投资带来的不利影响，从而激励农户的生产经营行为，进而提高农户的林业收入。

（五）深化集体林权制度改革，促进林地规范有序流转。多年来，尽管政府一直致力于从正式的法律层面上来强化和稳定农户承包关系，赋予农民完整的森林使用权权能，以强化森林产权安全。但是由于林地的频繁调整以及林业政策的多变性，造成农户对正式的国家赋权制度缺乏信任和认可，增强农户的产权不安全感。新一轮林改中确权发证和承包期稳定政策并没有完全实现强化林地产权安全和促进林地有效流转的目的。因此，未来需要进一步明晰林地所有权，赋予林农更为宽泛的林地承包经营权限，强化和稳定农户的承包经营关系，从正式的法律层面赋予农民完整的林地使用权权能，鼓励引导集体林权规范有序流转。同时，应加强农户林地流转合同意识，在流转过程中积极引导农户签订正式的书面流转合同，减少因流转不规范带来的纠纷，充分发挥县乡农村土地承包经营权、林权流转服务平台作用，支持公开市场交易，引导林地产权流转交易市场健康发展。

参考文献

(按英文字母和拼音顺序排列)

[1] Aarts H., Dijksterhuis A.: *The silence of the library: Environment, situational norm, and social behavior*. Journal of Personality and Social Psychology, 2003 (4): 18–28.

[2] Alchian A.: *Some economics of property rights*. Politico, 1965, 30 (4): 816–829.

[3] Alchian A. and Kessel, R.: *Competition, Monopoly, and the Pursuit of Money* [A]. In National Bureau of Economic Research. Aspects of Labor Economics. Princeton University Press, 1962.

[4] Alchian A., Demsetz, H.: *"Production, Information Costs, and Economic Organization."* American Economic Review, 62 (5): 777–795.

[5] Angelsen, Arild.: *"Forest Cover Change in Space and Time: Combining the Von Thu¨nen and Forest Transition Theories."* Policy Research Working Paper 4117. Washington, DC: World Bank.

[6] Arano K G, Munn I A.: *Evaluating forest management intensity: A comparison among major forest landowner types*. Forest Policy and Economics, 2006, 9

（3）: 237-248.

[7] Bargh, J. A.（1997）.: *The automaticity of everyday life. In R. S. Wyer, Jr.（Ed.）, Automaticity of everyday life: Advances in social cognition*（Vol.10, pp.1-61）. Mahwah, NJ: Erlbaum.

[8] Barze, Yoram.: *A Theory of Rationing by Waiting*, Journal of Law and Economics, 1974,（1）: 73-96.

[9] Barzel, Yoram.: *An Economic Analysis of Slavery*, Journal of Law and Economics, 1977,（2）: 111-134.

[10] Barzel, Yoram.: *Economic Analysis of Property Rights*, Cambridge: Cambridge University Press, 1989.

[11] Baye, F.M., 2008.: *Changing land tenure arrangements and access to primary assets under globalization: A case study of two villages in Anglophone Cameroon.* African Development Review-Revue Africaine De Developpement 20, 135-162.

[12] Beckett, N. E., & Park, B.（1995）.: *Use of category versus individuating information: Making base rates salient.* Personality and Social Psychology Bulletin, 21, 21-31.

[13] Benin, Samuel, Mohamed Ahmed, John Pender, and Simeon K. Ehui. 2005.: "*Development of Land Rental Markets and Agricultural Productivity Growth: The Case of Northern Ethiopia.*" Journal of African Economies 14（1）: 21-54.

[14] Benjamin D, Brandt L.: *Property Rights, Labor Markets, and Efficiency in a Transition Economy: the Case of Rural China.* Canadian Journal of

Economics,2002,35（4）:689–716.

［15］Besley T. : *Property rights and investment incentives: theory and evidence from Ghana*.Journal of Political Economy, 1995, 103（5）: 903–937.

［16］Bohn H, Deacon R T. : *Ownership risk, investment, and the use of natural resource*. American Economic Review, 2000, 90（3）: 526–549.

［17］Bouqoet E. : *State-led land reform and local institutional change: land titles, land markets and tenure security in Mexican communities*,Word Development 2009, 37（8）: 1390–1399.

［18］Brasselle A S, Gaspart F, Platteau J P. : *Land tenure security and investment incentives: puzzling evidence from Burkina Faso*, Journal of Development Economic, 2002, 67（2）: 373–418.

［19］*Broegaard R J. : Land tenure insecurity and inequality in Nicaragua*, Development and Change, 2005, 36（5）: 845–864.

［20］Bromley, Daniel W. 1991. *Environment and Economy: Property Rights and Public Policy. Cambridge, MA: Basil Blackwell.*

［21］Caribbean: *Experiences from AID Supported Programs. Land Tenure Center, University of Wisconsin* http://www.terrainstitute.org/pdf/Titlel4.pdf （accessed 24-July-2014）,Madison, pp.1–37.

［22］Carter, Michael R., and Pedro Olinto.: *Getting Institutions 'Right' for Whom? Credit Constraintsand the Impact of Property Rights on the Quantity and Composition of Investment*. American Journal of Agricultural Economics，2003，85(1): 173–186.

［23］Cattaneo A. Deforestation in the Brazilian Amazon : *comparing the impacts* of macroeconomic shocks, land tenure, and technological change.Land Economics, 2001, 77（2）: 219–240.

[24] Coase R. H.: *The Problem of social cost*, Journal of Law and Economics, 1960,（10）: 1–44.

[25] Costello C J, KAFFINE D.: *Natural resource use with limited-tenure property rights.* Journal of Environmental Economics and Management,2008,55（1）:20–36.

[26] Crites S L., FABRIGAR L R, PETTY R E.: *Measuring theAffective and Cognitive Properties of Attitudes: Conceptualand Methodological Issues*,Personality and SocialBulletin, 1994, 20（6）:619–634.

[27] Deacon R T.: *Deforestation and the rule of law in a cross-section of Countries.*Land Economics, 1994, 70（4）: 414–430.

[28] Deacon R T.: *Deforestation and Ownership: Evidence from Historical Accounts and Contemporary Data.*Land Economics, 1999, 75（3）: 341–359.

[29] Deininger K., Jin S.: *Tenure security and land-related investment: Evidence from Ethiopia* [J]. European Economic Review, 2006, 50（5）: 1245–1277.

[30] De Souza, F.A., 2001 b.: *Perceived security of land tenure in Recife, Brazil.* Habitat International 25, 175–190.

[31] Feder G et al.: *The determinants of farm investment and residential construction in post-reform China.*Economic Development and Cultural Change, 1992, 41（1）: 1–26.

[32] Feder, C Z, Nisluo, A. : *The benefits of land registration and titling: economic and social perspective.* Land Use Policy, 1998 (5) : 25–43.

[33] Feng S et al. : *Land rental market, off-farm employment and agricultural production in Southeast China: a plot-level case study.* China Economic Review, 2010, 21 (4) : 598–606.

[34] Feng, S. 2006. : *Land Rental Market and off-farm Employment-rural Household in Jiangxi Province,* P.R China, Ph.D. thesis, Wageningen, The Netherland: Wageningen University.

[35] Fiedler, K., & Schenck, W. (2001) . : *Spontaneous inferences from pictorially presented behaviors.* Personality and Social Psychology Bulletin, 27, 1533–1546.

[36] Gavian S, Fafchams M. : *Land tenure and allocative efficiency in Niger.* American Journal of Agricultural Economics, 1996, 78 (2) : 460–471.

[37] Godoy R et al. : *The role of tenure security and private time preference in neotropical deforestation.* Land Economics, 1998, 74 (2): 162–170.

[38] Godoy R et al.: *Tenure security, private time preference, and use of natural resources among lowland Bolivian Amerindians.* Ecological Economics, 2001, 38 (1) : 105–118.

[39] Gray, J. R. (2004) . : *Integration of emotion and cognitive control.* Current Directions in Psychological Science, 13, 46–49.

[40] Greene, W.H., 2003. : *Econometric Analysis. Pearson Education India, Harlow,* 800–833 pp.

[41] Guiso, L., S. Paolo, and L. Zingales (2003) . : *Does Culture Affect*

Economic Outcomes. Journal of Monetary Economics 50 : 225–282.

[42] Harmon-Jones, E.. : *Cognitive dissonance and experienced negative affect: Evidence that dissonance increases experienced negative affect even in the absence of aversive consequences.* Personality and Social Psychology Bulletin, 2000, 26, 1490–1501.

[43] Harold Demsetz. : *Toward a Theory of property rights*, American Economic Review, 1967, (2) : 347–356.

[44] Harold Demsetz.:*Toward a Theory of Property Rights II: The Competition between Private and Collective Ownership. Journal of legal Studies*, 2002, 31 (2) : 5653–5752.

[45] Hayes J et al.:*Tenure security, investment and productivity in Gambian agriculture : a generalized Probit Analysis*, American Journal of Agricultural Economics, 1997, 79 (2) : 369–82.

[46] Holden S. et al. : *Impacts of low-cost land certification on investment and productivity.* American Journal of Agricultural Economics, 2009, 91 (2), 359–373.

[47]] Holden S, Yohannes H. : *Land redistribution tenure insecurity and intensity of production: A study of farm households in Southern Ethiopia*, Land Economic, 2002, 78 (4) : 573–590.

[48] Ho, P, Spoor, M., 2006. : *Whose land? The political economy of land titling in transitional economies.* Land Use Policy 23, 580–587.

[49] Jacoby H et al. *Hazards of expropriation: tenure insecurity and investment in rural China* [J]. American Economic Review, 2002, 92 (5) : 1420–1447.

[50] Jin S., K. Deininger, *Land rental markets in the process of rural structural transformation: Productivity and equity impacts from China,* Journal of Comparative Economics, 2009, Vol. 37, No.4, 629–646.

[51] Joshi S, Arano G. *Determinants of private forest decisions A study on West Virginia NIPF landowners*, Forest Policy and Economics, 2009, 11（2）:118–125.

[52] Kabubo-Mariara J. : *L and conservation and tenure security in Kenya: Boserup's hypothesis revisited*, Ecological Economics, 2007, 64（1）:25–35.

[53] Kahneman, D. and S. Frederick（2002）. *Representativeness revisited: attribute substitution in intuitive judgment. In T. Gilovich, D. Griffin and D. Kahneman（eds.）, Heuristics and biases,* Cambridge University Press, New York.

[54] Kahneman, D.（2003）. *Perspectives on judgment and choice: mapping bounded rationality.* American Psychologist 58, 697–720.

[55] Kaufmann D et al. *Government matters III: governance indicators for 1996, 1998, 2000, and 2002.* The World Bank Economic Review, 2004, 18（2）: 253–287.

[56] LI Grozelle S, Brandt L. *Tenure, land rights, and farmer investment incentives in China.* Agricultural Economics, 1998, 19（1/2）: 63–71.

[57] Loewenstein, G., E.U. et al.（2001）. *Risk as feelings.* Psychological Bulletin 127, 267–86.

[58] Luckert M K, Haley D. *The implications of various silvicultural funding arrangements for privately managed public forest land in Canada.* New

Forest, 1990, 4（1）: 1–12.

[59] Ma X et al. *Land tenure security and land investments in Northwest China*.China Agricultural Economic Review, 2013, 5（2）: 281–307.

[60] Ma X et al. *Impact of tenure security and trust on land rental market sevelopment in rural China. Collected in Annual World Bank Conference on Land and Poverty, Washington, D.C.*, March 23–27, 2015.

[61] Ma, X et al. 2014. *Land tenure insecurity and rural–urban migration in rural China*. Papers in Regional Science.

[62] Mendelsohn, Robert O. 1994. *"Property Rights and Tropical Deforestation."* Oxford Economic Papers 46（Suppl.）: 750–756.

[63] Miller,S.,Sears.D.O. *Stability and change in social tolerance: A test of the persistence hypothesis.* American Journal of Political Science, 1986（20）: 214–236.

[64] Mullan K et al. *Land Tenure Arrangements and Rural–urban Migration in China.* World Development, 2011, 39（1）: 123–133.

[65] Nautiyal J C, Rawat J K. *Role of forest tenure in the investment behaviour of integrated Canadian forestry firms.*Canadian Journal of Forest *Research*, 1986, 16（3）: 456–463.

[66] Nisbett, R. E. and Kunda, Z.（1985）. *Perception of social distribution.* Journal of Personality and Social Psychology, 48, 297–311.

[67] Otsuka K et al. *Evolution of land tenure institutions and development of agroforestry: evidence from customary land areas of Sumatra.* Agricultural Economics, 2001, 25（1）: 85–101.

[68] Owubah C E et al. *Forest tenure systems and sustainable forest management: the case of Ghana.* Forest Ecology and Management, 2001, 149（1/2/3）: 253-264.

[69] Place F, Otsuka K. *Population pressure, land tenure, and tree resource management in Uganda.* Land Economics, 2000, 76（2）: 233-251.

[70] Pratto, F., John, O. P. 1991. : *Automatic vigilance: The attention grabbing power of negative social information.* Journal of Personality and Social Psychology, 61, 380-391.

[71] Qin P, Xu J. *Forest land rights, tenure types, and farmers' investment incentives in China.* China Agricultural Economic Review 2013, 5（1）:154-170.

[72] Rao, F., etal. *Land tenure (in) security and crop-tree intercropping in rural Xinjiang, China.* Land Use Policy, 2016, 50（1）: 102-114.

[73] Reerink G, Van Gelder J-L. *Land titling, perceived tenure security, and housing consolidation in the kampongs of Bandung, Indonesia.* Habitat International, 2010, 34（1）: 78-85.

[74] Robinson E J Z. *Reassessing the interaction between investment and tenure uncertainty* [J].Environment and Development Economics, 2005, 10（2）: 143-157.

[75] Roquas E. *Stacked law land, property and conflict in Honduras.* Amsterdam, the Netherlands: Wageningen University, 2002:263.

[76] Sjaastad, E. and B. Cousins. *Formalisation of land rights in the South: An overview.* Land Use Policy, 2009, 26（1）: 1-9.

[77] Sjaastad, Espen, and Daniel W. Bromley. *Indigenous Land Rights in Sub-Saharan Africa: Appropriation, Security and Investment Demand.* World Development, 1997, 25（4）: 549–562.

[78] Slovic, P., E. Peters, M.L. Finucane and D.G. MacGregor（2005）*Fear of eviction, risk, and decision making.* Health Psychology 24, 35–40.

[79] SMITH R E. *Land tenure, fixed investment, and farm productivity: evidence from Zambia's Southern Province.* World Development, 2004, 32（10）: 1641–1661.

[80] Southgate D et al. *The causes of tropical deforestation in Ecuador : a statistical analysis.* World Development, 1991, 19（9）: 1145–1151.

[81] S. Pejovich, Karl Marx,*Property Rights School and the Process of Social Change.In Karl Marx s Economics : Critical Assessments,ed.*by J.C. Wood, London : Croom Helm Ltd, 1988, vol. VI, p.240.

[82] Stein H, Yohannes H. *Land redistribution, tenure insecurity, and intensity of production: a study of farm households in Southern Ethiopia.*Land Economics, 2002, 78（4）: 90–573.

[83] Taylor, S. E., Thompson, S. C.（1982）. *Stalking the elusive "vividness" effect.* Psychological Review, 89, 155–181.

[84] Tenge et al. *Social and economic factors for the adoption of agroforestry practices in Lake Victoria Catchment, Magu, Tanzania.* Innovations as Key to the Green Revolution in Africa, 2011（9）:1345–1352.

[85] Van Gelder. *What tenure security? The case for a tripartite view*, Land Use Policy, 2010, 27（2）: 449–456.

[86] Van Gelder. *Feeling and thinking : quantifying the relationship between perceived tenure security and housing improvement in an informal neighbourhood in Buenos Aires*. Habital International, 2007, 31（2）: 219-231.

[87] Van Gelder, J.L., R. E. de Vries and J. Van Der Pligt（2008）. *Evaluating a dualprocess model of risk: affect and cognition as determinants of risky choice*. Journal of Behavioral Decision Making 22, 45–61.

[88] Varley, A., 2002. *Private or public: debating the meaning of tenure legalization.* International Journal of Urban and Regional Research 26, 449–461.

[89] Von Hecker U. *On Memory Effects of Heiderian Balance:A Code Hypothesis and an Inconsistency Hypothesis.* Journal of Personality and Social Psychology, 1993, 29（4）: 45–52.

[90] Wang et al. *To Reallocate or Not: Reconsidering the Dilemma in China's Agricultural Land Tenure Policy*. Land Use Policy, 2011, 28（4）: 805–814.

[91] Wen, G.L. *The land tenure system and its saving and investment mechanism: the case of modern China*. Asian Economic Journal, 1995, 9（3）: 233–260.

[92] Xu, X. Zhang, Y. Li, L. et al. *Markets for forestland use rights: A case study in southern China*. Land Use Policy, 2013, 30（1）: 560–569.

[93] Xu H et al. *Chinese land policies and farmers' adoption of organic fertilizer for saline soils.* Land Use Policy, 2014, 38: 541–549.

[94] Yi Y. *Property rights, tenure security and forest investment incentives: In the context of China's collective forest tenure reform since 2003, 2011,*

University of Gothenburg.

［95］Yi Y et al.. *Property rights,tenure security and forest investment incentives: evidence from China's collective forest tenure reform*.Environment and Development Economics, 2014, 19（1）: 48–73.

［96］Yin, R. *Forestry and the environment in China:The current situation and strategic choices.* World Development, 1998, 26（12）: 2153–2167.

［97］Zhang D. *Forest tenures and land value in British Columbia.* Journal of Forest Economics, 1996, 2（1）: 7–30.

［98］Zhang D. Pearae PH. *The influence of the form of tenure on reforestation in British Columbia.* Forest Ecology & Management, 1997, 98（3）: 239–250.

［99］埃格特森:《新制度经济学》,北京:商务印书馆,1996 年。

［100］埃格特森:《经济行为与制度》,北京:商务印书馆,2004 年。

［101］毕畅、陈永富:《发展权视角下的集体林地产权保护》,浙江林业科技,2010 年,第 3 期,第 79—82 页。

［102］毕畅、陈永富:《发展权视角下的林农权益保护法律问题分析》,林业经济问题,2010 年,第 2 期,第 146—150 页。

［103］陈珂、周荣伟、王春平、王嘉:《集体林权制度改革后的农户林地流转意愿影响因素分析》,林业经济问题,2009 年,第 6 期,第 493—498 页。

［104］陈利根、李宁、龙开胜:《产权不完全界定研究:一个公共域的分析框架》,《云南财经大学学报》,2013 年,第 4 期,第 12—20 页。

［105］陈明、武小龙、刘祖云:《权属意识、地方性知识与土地确权实践:贵州省丘陵山区农村土地承包经营权确权的实证研究》,农业经济问题,

2014年，第22期，第65—74页。

[106] 陈铁、孟令杰:《土地调整、地权稳定性与农户长期投资：基于江苏省调查数据的实证分析》，农业经济问题，2007年，第10期，第4—11页。

[107] 陈小君:《我国农村土地法律制度变革的思路与框架——十八届三中全会〈决定〉相关内容解读》，法学研究，2014年，第4期，第4—25页。

[108] 陈志刚:《农地产权结构与农业绩效——对转型期中国的实证研究》，南京农业大学，2005年。

[109] 程令国、张晔、刘志彪:《农地确权促进了中国农村土地的流转吗》，管理世界，2016年，第1期，第88—98页。

[110] 戴广翠、徐晋涛、王月华:《中国集体林产权现状及安全性研究》，绿色中国，2002年，第11期，第30—33页。

[111] 邓世豹:《法律位阶与法律效力等级应当区分开》，法商研究，1999年，第2期，第57—59页。

[112] 丁关良、阮韦波:《农村集体土地产权"三权分离"论驳析——以土地承包经营权流转中"保留（土地）承包权、转移土地经营权（土地使用权）"观点为例》，山东农业大学学报（社会科学版），2009年，第4期，第1—8页。

[113] 范忠信、侯猛:《法律冲突问题的法理认识》，江苏社会科学，2000年，第4期，第61—67页。

[114] 菲吕博腾、配杰威齐:《产权与经济理论：近期文献的一个综述，财产权利与制度变迁》，上海：上海三联书店，1994年。

［115］费孝通、刘豪兴:《乡土中国》,北京:北京大学出版社,2012年。

［116］冯开文:《合作社的分配制度分析》,学海,2006年,第5期,第22—27页。

［117］高名姿、张雷、陈东平:《差序治理、熟人社会与农地确权矛盾化解——基于江苏省695份调查问卷和典型案例的分析》,中国农村观察,2015年,第5期,第60—69页。

［118］高圣平:《新型农业经营体系下农地产权结构的法律逻辑》,法学研究,2014年,第4期,第76—91页。

［119］国家林业局:《集体林权制度改革监测报告》,北京:中国林业出版社,2016年。

［120］顾建亚:《法律位阶划分标准探新》,浙江大学学报:人文社会科学版,2006年,第6期,第42—49页。

［121］郭忠兴、罗志文:《农地产权演进:完整化、完全化与个人化》,中国人口·资源与环境,2012年,第10期,第123—130页。

［122］郭志勤:《基于科层视角的集体林权改革研究》,西北农林科技大学,2011年。

［123］郜亮亮、黄季焜:《不同类型流转农地与农户投资的关系分析》,中国农村经济,2011年,第4期,第9—17页。

［124］贺东航:《"简约治理"与林改政策在乡村的实践》,华中师范大学学报(人文社会科学版),2012年,第5期,第1—7页。

［125］贺东航、孔繁斌:《公共政策执行的中国经验》,中国社会科学,2011年,第5期,第61—79页。

［126］贺雪峰、刘岳:《基层治理中的"不出事逻辑"》,学术研究,2010年,

第 6 期，第 32—37 页。

[127] 胡玉鸿：试论法律位阶划分的标准——兼及行政法规与地方性法规之间的位阶问题》，中国法学，2004 年，第 3 期，第 22—32 页。

[128] 黄安胜、张春霞、苏时鹏：《南方集体林区林农资金投入行为分析》，林业经济，2008 年，第 6 期，第 67—70 页。

[129] 黄少安：《产权经济学导论》，济南：山东人民出版社，1995 年。

[130] 吉登艳、马贤磊、石晓平：《林地产权对农户林地投资行为的影响研究：基于产权完整性与安全性——以江西省遂川县与丰城市为例》，农业经济问题，2015 年，第 3 期，第 54—61 页。

[131] 吉登艳：《新一轮集体林权制度改革对农户林地利用行为及收入的影响研究》，南京农业大学博士论文，2015 年。

[132] 冀县卿、钱忠好：《剩余索取权、剩余控制权与中国农业阶段性增长》，江海学刊，2009 年，第 1 期，第 106—111 页。

[133] 凯尔：《法与国家的一般理论》，北京:中国大百科全书出版社,1996 年。

[134] 李晨婕、温铁军：《宏观经济波动与我国集体林权制度改革——1980 年代以来我国集体林区三次林权改革"分合"之路的制度变迁分析》，中国软科学，2009 年，第 6 期，第 33—42 页。

[135] 李宁、陈利根、龙开胜：《农村宅基地产权制度研究——不完全产权与主体行为关系的分析视角》，公共管理学报，2014 年，第 1 期，第 39—54 页。

[136] 李实、万海远：《劳动力市场培育与中等收入陷阱——评〈中国劳动力市场发展报告 2011—2013〉》，经济研究，2014 年，第 4 期，第 187—191 页。

[137] 李双元等:《中国国际私法通论》,北京:法律出版社,2003年。

[138] 李体欣、朱蕾、伍海涛:《地权稳定与农村金融发展研究》,经济问题探索,2011年,第7期,第150—155页。

[139] 黎霆、赵阳、辛贤:《当前农地流转的基本特征及影响因素分析》,中国农村经济,2009年,第10期,第4—11页。

[140] 林修凤、刘伟平:《森林生态效益补偿制度的法律冲突问题》,林业经济问题,2013年,第2期,第166—173页。

[141] 刘璨、吕金芝:《我国集体林产权制度问题研究》,制度经济学研究,2007年,第1期,第87—112页。

[142] 刘璨、吕金芝、工礼权、林海燕:《集体林产权制度分析—安排、变迁与绩效》,林业经济,2006年,第11期,第8—13页。

[143] 罗必良:《新制度经济学》,太原:山西经济出版社,2005年。

[144] 罗必良:《农地经营规模的效率决定》,中国农村观察,2000年,第5期,第18—24页。

[145] 罗必良:《农地产权模糊化:一个概念性框架及其解释》,学术研究,2011年,第12期,第48—56页。

[146] 罗必良:《产权强度与农民的土地权益:一个引论》,华中农业大学学报(社会科学版),2013年,第5期,第1—6页。

[147] 罗必良、郑燕丽:《农户的行为能力与农地流转——基于广东农户问卷的实证分析》,学术研究,2012年,第7期,第64—70页。

[148] 罗家德、李智超:《乡村社区自组织治理的信任机制初探:以一个村民经济合作组织为例》,管理世界,2012年,第10期,第83—93页。

[149] 马瑞、柳海燕、徐志刚:《农地流转滞缓:经济激励不足还是外部市场

条件约束?——对4省600户农户2005～2008年期间农地转入行为的分析》,中国农村经济,2011年,第11期,第36—48页。

[150] 马贤磊:《现阶段农地产权制度对农户土壤保护性投资影响的实证分析:以丘陵地区水稻生产为例》,中国农村经济,2009年,第10期,第31—41页。

[151] 马贤磊:《农地产权安全性对农业绩效影响:投资激励效应和资源配置效应——来自丘陵地区三个村庄的初步证据》,南京农业大学学报(社会科学版),2010年,第4期,第72—79页。

[152] 马贤磊、仇童伟、钱忠好:《土地产权经历、产权情景对农民产权安全感知的影响——基于土地法律执行视角》,公共管理学报,2015年,第4期,第111—121页。

[153] 马贤磊、仇童伟、钱忠好:《农地产权安全性与农地流转市场的农户参与——基于江苏、湖北、广西、黑龙江四省(区)调查数据的实证分析》,中国农村经济,2015年,第2期,第22—37页。

[154] 钱忠好:《农村土地承包经营权产权残缺与市场流转困境:理论与政策分析》,管理世界,2002年,第6期,第35—45页。

[155] 仇童伟、马贤磊、钱忠好:《实际产权经历与产权情景对农户产权安全感知的影响》,北京:第十四届中国制度经济学年会,2014年。

[156] 饶芳萍:《制度环境、土地产权安全与农户收入——以新籍阿克苏林果计划为例》,南京:南京农业大学博士论文,2015年。

[157] 阮荣平、王兵:《差序格局下的宗教信仰和信任——基于中国十城市的经验数据》,社会,2011年,第4期,第195—217页。

[158] 孙妍:《集体林权制度改革研究——产权制度安排与绩效》,北京林业

大学博士论文，2008年。

[159] 孙妍、徐晋涛:《集体林权制度改革绩效实证分析》，林业经济，2011年，第7期，第6—13页。

[160] 唐欣瑜、梁亚荣:《我国农民集体土地收益权权利演进之回顾与展望》，农业经济问题，2014年，第5期，第61—67页。

[161] 唐绍欣:《传统、习俗与非正式制度安排》，江苏社会科学，2003年，第5期，第46—50页。

[162] 王承武、范宗余、吕鹏飞:《现行农地产权制度缺陷及其完善》，当代经济，2013年，第3期，第82—84页。

[163] 王洪:《作为不完全契约的产权：一个注释》，改革，2000年，第5期，第53—57页。

[164] 王利明、周友军:《论我国农村土地权利制度的完善》，中国法学，2012年，第1期，第45—54页。

[165] 王利明:《物权法研究》，北京：中国人民大学出版社，2013年。

[166] 王小军、谢屹、王立群:《集体林权制度改革中的农户森林经营行为与影响因素》，林业科学，2013年，第6期，第135—142页。

[167] 吴冬娟:《林地征占用地方政府行为研究》，福州：福建农林大学硕士论文，2012年。

[168] 武剑:《中国农地地权安全性研究——内涵与测量》，中国农村观察，2009年，第2期，第19—24页。

[169] 吴静:《关于集体林权的法律制度研究》，学理论，2013年，第34期，第140—142页。

[170] 吴渭、刘永功:《产权视角下的农村土地征迁与利益博弈》，兰州学刊，

2015年，第2期，第204—208页。

[171] 贝尔纳·夏旺斯:《东方的经济改革——从50年代到90年代》，北京:社会科学文献出版社，1999年。

[172] 谢利·泰勒、戴维·西尔斯、利蒂希亚·安妮·佩普卢:《社会心理学》，崔丽娟等译，上海:上海人民出版社，2010年。

[173] 熊彩云:《确权对农地流转的促进作用》，宏观经济管理，2014年，第12期，第48—51页。

[174] 徐晋涛、孙妍、姜雪梅、李劼:《我国集体林区林权制度改革模式和绩效分析》，林业经济，2008年，第9期，第27—38页。

[175] 许凯、张升:《集体林地流转影响因素分析——基于7省3500个样本农户数据》，林业经济，2015年，第4期，第12—20页。

[176] 许秀华:《法律位阶论》，《南京人口管理干部学院学报》，2003年，第4期，第34—37页。

[177] 杨帅、温铁军:《经济波动、财税体制变迁与土地资源资本化——对中国改革开放以来"三次圈地"相关问题的实证分析》，管理世界，2010年，第4期，第32—41页。

[178] 杨小凯:《新兴古典经济学与超边际分析》，北京:社会科学文献出版社，2003年，第160—162页。

[179] 易军:《关系、规范与纠纷解决:以中国社会中的非正式制度为对象》，宁夏:宁夏人民出版社，2009年。

[180] 俞海、黄季焜等:《地权稳定性、土地流转与农地资源持续利用》，经济研究，2003年，第9期，第82—91页。

[181] 张成福、党秀云:《公共政策执行的低效率分析》，行政论坛，1996年，

第 6 期，第 3—5 页。

[182] 张峰：《产权残缺与利益公共补偿基于市场与政府职能边界的理论探讨》，《中南财经政法大学学报》，2010 年，第 4 期，第 38—44 页。

[183] 张浩：《农民如何认识集体土地产权——华北河村征地案例研究》，社会学研究，2013 年，第 5 期，第 197—218 页。

[184] 张寒、刘璨、刘浩：《林地调整对农户营林积极性的因果效应分析——基于异质性视角的倾向值匹配估计》，农业技术经济，2017 年，第 1 期，第 37—51 页。

[185] 张红霄：《〈物权法〉对集体林权制度改革的贡献和瑕疵分析》，学术界，2010 年，第 12 期，第 91—97 页。

[186] 张红霄：《集体林产权制度改革后农户林权状况研究——基于国家政策法律、林改政策及农户调研数据》，林业经济，2015 年，第 1 期，第 16—22 页。

[187] 张红霄：《我国集体林权制度改革的法律解析》，昆明：全国环境资源法学研讨会，2009 年。

[188] 张静：《土地使用规则的不确定：一个解释框架》，中国社会科学，2003 年，第 1 期，第 113—124 页。

[189] 张敏新、张红霄、刘金龙：《集体林产权制度改革动因研究——兼论南方集体林产权制度内在机理》，林业经济，2008 年，第 5 期，第 13—19 页。

[190] 张英、宋维明：《林权制度改革对集体林区森林资源的影响研究》，农业技术经济，2012 年，第 4 期，第 96—103 页。

[191] 郑风田、阮荣平、孔祥智：《南方集体林区林权制度改革回顾与分析》，

中国人口·资源与环境，2009年，第5期，第25—32页。

[192] 郑和平、段龙龙:《中国农村土地产权权能弱化论析》，四川大学学报（哲学社会科学版），2013年，第6期，第108—115页。

[193] 钟甫宁、纪月清:《土地产权、非农就业机会与农户农业生产投资》，经济研究，2009年，第12期，第43—51页。

[194] 周华:《我国林地征收中林农权益的法律保障探析》，改革与战略，2015年，第8期，第81—85页。

[195] 周珂、侯佳儒:《论林农合法权益保护》，法学杂志，2006年，第2期，第76—79页。

[196] 周雪光:《"关系产权"：产权制度的一个社会学解释》，社会学研究，2005年，第2期，第1—31页。

[197] 周业安:《关于当前中国新制度经济学研究的反思》，经济研究，2001年，第7期，第19—27页。

[198] 周业安:《政策制定过程的新制度经济学视角——兼评迪克西特〈经济政策的制定：交易成本政治学的视角〉》，管理世界，2005年，第1期，第162—168页。

[199] 朱冬亮:《村庄社区产权实践与重构：关于集体林权纠纷的一个分析框架》，中国社会科学，2013年，第11期，第85—103页。

[200] 朱冬亮、程明:《新集体林权制度改革中的林权纠纷及原因分析》，甘肃行政学院学报，2009年，第3期，第4—16页。

附 录

附表1：农户产权安全感知调查表

您好！本次调查是为了了解您对林业的产权安全感知情况，仅为学术研究使用，绝不作任何商业用途。所有题项均为单选题，答案没有对错，请根据您的实际情况填写，在每一行适当的格中打"√"。感谢您的支持！

注：问卷中"1–5分制"表示您对所列指标进行评分：1代表完全不同意，2代表比较不同意，3代表不确定，4代表比较同意，5代表完全同意。

（一）产权认定感知	完全不同意	比较不同意	不确定	比较同意	完全同意
1. 近30年林地、林木产权主要法律政策一直没有大的变化	1	2	3	4	5
2. 制定和实施林业政策时会征求你们的意见并与你们进行有效的沟通	1	2	3	4	5
3. 你们和别人的山林之间有明显的界限，可以清楚划分	1	2	3	4	5
4. 山林划分时有完整的档案资料，而不是只有会议记录或口头划定	1	2	3	4	5
5. 国营林场、国营采育场的经营区与农户承包的山林之间界限明确，很少有冲突	1	2	3	4	5

续表

6. 工作人员在发放林权证时认真细致、工作到位	1	2	3	4	5
7. 林权登记时对国有、集体、企业和个人的林权平等对待，不会歧视个人林权，而且会对每个人的产权都进行登记	1	2	3	4	5
8. 林业主管部门在林权登记时会到实地进行勘测，林权证所记载的内容与实地相符	1	2	3	4	5
9. 林权法律政策关于集体山林的划分会尊重和认可当地的乡规民约或习惯做法	1	2	3	4	5
（二）产权保护感知	完全不同意	比较不同意	不确定	比较同意	完全同意
1. 合法的森林产权不会被单方面和不公正改变或废除	1	2	3	4	5
2. 政府有关部门保存有山林产权详细的信息，需要时可以查阅	1	2	3	4	5
3. 您既没有碰到也没有听说有人经营林业的收益被村、乡镇政府和林业部门截留的事	1	2	3	4	5
4. 没有出现村组干部将村队集体山林拍卖租赁并将收入留作村队干部使用的现象	1	2	3	4	5
5. 您既没有碰到也没有听说有人的林地因村里的某些原因（如人口变动）或被政府所调整却没有得到合理补偿的事	1	2	3	4	5
6. 只有符合法律规定的公共利益需要（如基础设施建设、城市扩张、自然资源保护）才能征占用林地。政府也积极探索可减少征地必要性的其他方案	1	2	3	4	5
7. 在征用之前会对林地的征用范围及林种、树种、面积、蓄积等状况进行调查，农户能按规定得到公正而及时的补偿	1	2	3	4	5
8. 您既没有碰到也没有听说有经营者之间发生林权冲突和纠纷却没有得到公平解决的事	1	2	3	4	5

续表

（三）产权使用感知	完全不同意	比较不同意	不确定	比较同意	完全同意
1. 只要合法经营而且不改变林地用途，如何使用林地是不受限制的	1	2	3	4	5
2. 政府为林地调整项目提供信贷、投资、技术、生活补助等援助	1	2	3	4	5
3. 政府会努力确保林业投资双方明确各自在合同或协议里的权利和义务	1	2	3	4	5
4. 政府不会限制林权的自由流转，而是推动形成公平和透明的林权流转市场	1	2	3	4	5
5. 相关职能部门在确权发证时会向您说明相应的权利和责任	1	2	3	4	5
6. 森林采伐指标可以自主申请，且申请流程简单，操作方便	1	2	3	4	5
7. 森林采伐指标的分配是公平合理的	1	2	3	4	5
8. 公益林补偿合理且能够及时到位	1	2	3	4	5
（四）产权的司法获得性感知	完全不同意	比较不同意	不确定	比较同意	完全同意
1. 林地产权受到侵害时可以采取多种解决争端的办法	1	2	3	4	5
2. 大多数地区已经建立独立的林权争议调处机构	1	2	3	4	5
3. 当发生林权冲突时，在村里或林业主管部门的调解下就能够得到很好的解决	1	2	3	4	5
4. 当发生林权冲突和纠纷时林权争议调处机构能及时主动介入，工作效率很高	1	2	3	4	5
5. 林业部门和地方政府对林权纠纷的行政处理是客观公正的	1	2	3	4	5
6. 对林权争议处理决定不服的，可以依法提出申诉或者向人民法院提起诉讼，法院都会按规定给予受理	1	2	3	4	5
7. 政府会为边远地区和弱势群体提供法律方面的援助	1	2	3	4	5
8. 法律建立明确专门的机制以防止争端解决过程中发生腐败行为	1	2	3	4	5

附表 2：农户问卷调查表

一、户主及家庭基本特征部分

（一）户主基本特征

1.性别：A.男，B.女

2.年龄_____岁

3.受教育程度：A.小学及以下，B.初中，C.中专或高中，D.大专或本科及以上

4.职业：A.务农 B.务农兼打工 C.务农兼工副业（如开商店、卫生所等）D.长期外出打工 E.固定工资收入者（如村干部、教师、医生等）F.其他（注明）

5.是否从事与林业有关的经营活动：A.是，B.否

6.是否为党员：A.是，B.否

7.是否为村干部（包括曾经是村干部的）：A.是，B.否

8.是否接受过林业培训：A.是，B.否

（二）家庭特征

	人口数（人）	劳动力（人）	长期外出打工人数（6个月以上）	外出涉林打工 人数	外出涉林打工 时间（日/人）	本地涉林打工 人数	本地涉林打工 时间（日/人）	家庭收入主要来源	家庭收入在村中的水平
男性									
女性									

注：1.家庭总人口数_____人。
2.家庭劳动力人数_____人。
3.家庭收入主要来源：A.靠打工，B.做生意，C.固定年资收入，D.农业生产，E.林业生产，F.政府补助，G.其他（请注明）_____
4.家庭收入在村中的水平：A.较高，B.中等，C.较低

二、林地特征部分

1.耕地面积_____公顷；林地____块，面积____公顷。

2.类型2：A.用材林，B.经济林，C.竹林，D.其他

3.获得时间：A.林改前获得，B.林改获得

4.是否参加联户经营：A.是，B.否

5.联户类型：A.整村联户，B.村小组联户，C.其他

6.林地到家的距离_____千米。

三、村级特征部分

1.村干部年龄_____岁。

2. 村干部受教育程度：A. 小学及以下，B. 初中，C. 中专或高中，D. 大专或本科及以上

3. 村到乡镇的距离（村中心到最近乡镇的距离）_____千米。

4. 村级林权证已发放年限_____年。

5. 村人均收入_____元。

6. 村总户数_____户。

7. 拿到林权证农户数_____户。

四、林地投资部分

2017 年农户家庭林业生产经营支出（元）

总支出	种苗/幼种	化肥农药	人工							机械或畜力	税费	其他
			家庭自投劳力			雇佣劳动力					
			支出（元）	人数（人）	时间（日/人）	支出（元）	人数（人）	时间（日/人）			

注：1. 种苗（幼种）投入包括用材林、经济林树苗投入、林下种植投入的各类种子及林下养殖投入的幼崽等。

2. 人工投入内容包括造林种植、森林抚育、森林管护、林木采伐、竹材采伐、果品采摘、竹笋挖掘、其他。

3. 人工投入费用以投工人数、投工天数和当地当年每日临时雇工费用乘积来计算。

五、林地流转部分

1. 林地流转：A. 有，B. 没有

2. 流转方向：A. 流入，B. 流出（流出不计入总面积）

3. 林地流入面积_____公顷。

4. 林地流出面积_____公顷。

5. 流转方式：A. 抵押，B. 转让，C. 出租，D. 转包，E. 互换，F. 入股，G. 其他

6. 流转对象：A. 本村村民，B. 外村村民，C. 合作社，D. 工商企业，E. 城镇居民，F. 其他

7. 流转期限_____年。

8. 流转金额_____元。

致　谢

为了实现自己的梦想，在工作六年之后，重新踏上了求学之路。时光飞逝，转眼间四年半的博士学习也即将结束。回首在福建农林大学求学的这段时光，虽然辛苦，但也收获颇多。在论文完成之际，谨向博士学习期间指导、关心、支持和帮助我的老师、同学和家人致以衷心的感谢。

首先，我要感谢我的导师黄和亮教授。导师严谨的治学态度、精深的专业知识和诲人不倦的品格给我留下极为深刻的印象，让我终身受益。作为经济学院副院长，导师需要承担繁重的行政管理工作，但仍会在百忙之中抽出大量的时间多次对论文的整体构思、篇章结构、研究方法等方面进行悉心的指导。在我写作迷茫与困惑时，为我拨开云雾，帮我渡过一个又一个的难关。从论文的选题、开题、框架设计、调研工作直至落笔成文，无不凝结着导师无数的汗水和心血。在此，谨向恩师表示最诚挚的谢意！

其次，感谢经济学院刘伟平教授多次询问、关心论文的进展情况，并对论文提出许多宝贵的意见和建议。刘伟平教授主持的国家社会科学基金重大招标项目"全面深化改革背景下的完善农村集体林权制度改革研究（16ZDA024）"为论文的调研工作提供了重要的保障，为论文的写作打下了坚实的基础。

再次，感谢福建农林大学经济学院给我提供了一个良好的学习平台。在课程学习和论文写作过程中，还有幸得到了经济学院王林萍教授、戴永务教授、杨建州教授、王文烂教授、陈钦教授、宁满秀教授、徐学荣教授、邓衡山副教授、冯亮明副教授、管曦副教授、郑旭媛、董加云、钱鼎伟、戴科炜、杜金苓等众多老师的指导和帮助，在此表示真诚的感谢。感谢同门的各位兄弟姐妹在我读博期间给予的支持和帮助，他们是：冯祥锦、石洪景、郑春华、李霞、武双、戴俊玉、许剑、李莉、方伟、陈炎伟、陈思莹等多位博士；还有赵宸浩、邓超、林洁、程文清、苏志琛、孙策、林杰、姜徐宁、冯枫等硕士。另外，特别感谢武双、赵宸浩、林洁、苏志琛、李洁、苏静愉等师弟师妹对我收集调研数据方面的协助。感谢经济学院2014级博士班的全体同学，感谢你们一直以来的关心和陪伴，这份友情是值得终身珍藏的资源。

此外，感谢论文开题、预答辩、评审、答辩中的专家们对论文完善提出宝贵意见和建议。

最后，感谢我的父母和亲人，感谢你们对我无私的爱和奉献，你们的殷切期望和默默付出是我学习和生活最坚强的后盾。感谢我的爱人卢素兰在我读博期间无私地承担了照顾父母和小孩的责任，让我能够没有后顾之忧，安心完成学业。感谢你对我的包容、理解与体谅。感谢可爱的儿子，让我在前进的道路上动力十足，无所畏惧。

当然，这些年在学习和生活上给予我帮助的老师、同学和亲友远不止这些。在此，对所有关心、支持和帮助过我的人致以最诚挚的谢意！

黄培锋

2018年11月于李常盛图书馆